QUESTIONS PRATIQUES

SUR LE

MARIAGE

DANS LES MISSIONS

PAR

LE R. P. P. MICHEL

(DES PÈRES BLANCS)

« Doctorum opiniones ad Ecclesiæ
decreta sunt exigendæ, non ipsa
decreta ad opinantium libitum
inflectenda. » (Coll. P. F. n. 571)

Deuxième Édition
Revue et considérablement augmentée

MAISON-CARRÉE (ALGER)
Imprimerie des Missionnaires d'Afrique

1905

QUESTIONS PRATIQUES

SUR LE

MARIAGE

DANS LES MISSIONS

QUESTIONS PRATIQUES

SUR LE

MARIAGE

DANS LES MISSIONS

PAR

LE R.P. P. MICHEL

(Des Pères Blancs)

> « Doctorum opiniones ad Ecclesiæ
> decreta sunt exigendæ, non ipsa
> decreta ad opinantium libitum
> inflectenda. » (Coll. P. F. n. 571).

Deuxième Édition

Revue et considérablement augmentée

MAISON-CARRÉE (ALGER)

Imprimerie de la Maison-Mère

1905

QUESTIONS PRATIQUES

SUR LE

MARIAGE

DANS LES MISSIONS

PAR

LE R.P. P. MICHEL

(Des Pères Blancs)

« Doctorum opiniones ad Ecclesiæ
decreta sunt exigendæ, non ipsa
decreta ad opinantium libitum
inflectenda. » (Coll. P. F. n. 571).

Deuxième Édition

Revue et considérablement augmentée

MAISON-CARRÉE (ALGER)

Imprimerie de la Maison-Mère

1905

Imprimatur

Alger, *le 3 Octobre 1904*

† HENRI

Arch. d'Alger

LETTRE

DE

Monseigneur Livinhac

Supérieur Général des Pères Blancs

au R.P. Michel

RECOMMANDANT AUX MISSIONNAIRES LA PREMIÈRE ÉDITION DE CE TRAITÉ

Maison-Carrée, le 4 janvier 1903,

Mon bien cher Père

Les missionnaires employés aux travaux de l'apostolat auprès des infidèles ou des néophytes à peine sortis du paganisme, rencontrent fréquemment dans l'accomplissement de leurs fonctions et en particulier dans l'administration des sacrements des difficultés particulières, qui sont pour eux la source de bien des perplexités ; le plus souvent, en effet, ils n'ont auprès d'eux personne qui puisse les éclairer ni sous la main les livres qui leur fourniraient les principes de la solution.

VIII

Vous avez voulu, mon bien cher Père, leur venir en aide en réunissant dans deux opuscules faciles à consulter, la réponse à la plupart des questions qui peuvent se présenter dans l'administration du Baptême et du Mariage.

Puisée aux sources les plus sûres et en particulier dans les décisions des Congrégations Romaines, la doctrine que vous y exposez avec l'ordre et la clarté qui distinguent vos autres ouvrages, sera un guide précieux non seulement pour les missionnaires d'Afrique, mais pour ceux des divers pays.

Aussi suis-je heureux d'encourager l'impression de ce travail et d'en recommander l'étude à tous nos confrères.

Recevez, mon bien cher Père. l'expression de mes sentiments affectueux et dévoués en N.-S.

† Léon Livinhac

Evêque de Pacando
Sup. Gén. des Miss. d'Afrique
(PÈRES BLANCS)

AVANT-PROPOS

DE LA PREMIÈRE ÉDITION

On ne doit pas s'attendre à trouver ici un exposé complet de la matière si complexe du sacrement de mariage considéré dans tout son ensemble. Le but poursuivi est beaucoup plus restreint : il consiste à présenter une sorte de supplément au traité du Mariage tel qu'il est exposé dans les manuels de théologie, en traitant les questions spéciales aux pays de Missions à peine indiquées par eux, et dont la connaissance est cependant si nécessaire aux ouvriers évangéliques.

Ce travail se bornera donc à mettre en lumière les principes généraux et les décisions des Congrégations romaines qui fixent la ligne de conduite à suivre dans la solution des cas les plus ordinaires en pays de missions, et qui ont presque toujours pour point de départ les unions contractées par les néophytes lorsqu'ils étaient encore dans l'infidélité, ou celles qu'ils voudraient contracter après leur baptême avec des infidèles, ou enfin celles qu'ils contracteraient avec des fidèles, mais après avoir été engagés, avant le baptême, dans d'autres liens subsistant encore peut-être.

Après avoir parlé dans une première partie :

Du mariage des infidèles entre eux, il sera question dans une seconde :

De la solution possible du mariage contracté dans l'infidélité en faveur de celui des époux qui se convertit, en vertu du *privilège paulin*, et dans une troisième :

Du mariage d'un néophyte avec un autre néophyte ou avec un infidèle ou un hérétique.

AVANT-PROPOS

POUR LA PRÉSENTE ÉDITION

Les Missionnaires des divers Ordres et Congrégations ont fait un accueil si bienveillant à ce traité pratique du Mariage dans les Missions, que l'édition en a été rapidement épuisée.

Un nouveau tirage a donc été rendu nécessaire.

Pour répondre autant que possible à la confiance qu'ont daigné lui témoigner les ouvriers apostoliques de diverses contrées, l'auteur a revisé soigneusement son travail et l'a complété sur plusieurs points importants que des confrères charitables ont bien voulu lui signaler.

On y trouvera, en particulier, des détails nouveaux sur les cas de mariage douteux; un article sur l'âge canonique requis pour le mariage; un article encore sur les pouvoirs extraordinaires récemment accordés pour la revalidation du mariage d'un moribond, et enfin un chapitre sur *les causes matrimoniales*.

Les divisions qui y ont été introduites faciliteront l'étude de l'ouvrage et permettront de retrouver sans peine les solutions dont on aura besoin.

Puissent ces pages contribuer pour une petite part à rendre plus fructueux le labeur des ouvriers de l'Évangile auxquels elles sont destinées ! C'est là leur seule prétention , et ce sera leur meilleure récompense.

QUESTIONS PRATIQUES

SUR LE

MARIAGE

PREMIÈRE PARTIE

---✳---

MARIAGE DES INFIDÈLES

PRÉLIMINAIRES

1. La question qui vient naturellement à l'esprit, lorsqu'il s'agit du mariage des Infidèles, est celle-ci :

Existe-t-il entre deux infidèles qui s'unissent un véritable mariage dans le sens propre du mot ?

Pour résoudre aussi clairement que possible cette question si importante au point de vue des conséquences pratiques qui en découlent, il est bon de dire en premier lieu : *ce qu'est le mariage proprement dit ;*

On verra ensuite comment *il peut exister et existe souvent de fait parmi les infidèles,*

Et enfin, comme conséquence de sa validité, on conclura à *son indissolubilité tant que vivent les deux conjoints infidèles.*

CHAPITRE I

CE QU'EST LE MARIAGE PROPREMENT DIT

Article I

En tant que Contrat purement naturel

1. Considéré au point de vue purement naturel, le mariage est l'union *permanente, individuelle* et *librement consentie* de l'homme et de la femme, leur conférant un droit réciproque en vue de la propagation de l'espèce humaine, et les établissant dans une communauté de vie pour leur mutuel soulagement.

§ 1. Union naturelle.

2. Que cette union soit *naturelle,* c'est-à-dire basée sur la nature même et voulue de Dieu l'auteur de la nature, cela ressort :

a. De la fin même de la création dont le principal moyen est, en fait, la perpétuation de l'humanité;

b. De la différence des sexes dont Dieu est l'auteur et qui est subordonnée à la propagation de l'espèce;

c. De la propension naturelle de l'homme pour la femme et réciproquement.

§ 2. Union indissoluble

3. Cette union, même au point de vue purement naturel, doit être *permanente* pour réaliser pleinement les vues de Dieu.

Le divorce entraîne, en effet :

a. La violation de l'*égalité* naturelle entre les contractants, car la femme renvoyée est placée dans un état de déchéance qui n'atteint pas l'homme au même degré;

b. La discorde et la désunion dans les familles et par là même dans la société;

c. Il ouvre la porte à beaucoup de crimes et de désordres moraux;

d. Il est opposé à la bonne éducation des enfants et aux devoirs mêmes que ceux-ci sont tenus de remplir envers leurs parents;

e. Il est opposé aussi à l'union des cœurs qui doit régner entre les époux, car la possibilité d'une séparation aura presque fatalement pour conséquence qu'on ne voudra rien se pardonner, rien supporter, qu'on s'unira presque au hasard, etc. (Léon XIII. *Arcanum*, n. 19.) [1]

---

[1] « At vero quanti materiam mali in se divortia contineant vix attinet dicere. Eorum enim causa fiunt maritalia fœdera mutabilia; extenuatur mutua benevolentia, infidelitati perniciosa incitamenta suppeditantur ; tuitioni atque institutioni puerorum nocetur; dissuendis societatibus domesticis præbetur occasio ; discordiarum inter familias semina sparguntur : minuitur ac deprimitur dignitas mulierum quæ in periculum veniunt, ne cum libidini virorum inservierint, pro derelictis habeantur. »

§ 3. Union individuelle

4. Cette union doit être *individuelle*, c'est-à-dire entre un seul homme et une seule femme, ce qui exclut la *polyandrie* et la *polygamie* simultanées.

Car, quoique cette dernière ne soit pas opposée au même titre que la polyandrie à la fin *première* du mariage qui est la propagation de l'espèce humaine, elle va cependant contre les fins *secondaires* de cette union.

a. Elle rompt, en effet, l'égalité du contrat ;

b. Elle place la femme dans un dégré d'infériorité manifeste et en fait le jouet des passions de l'homme ;

c. Elle trouble la tranquillité de l'ordre domestique ;

d. Elle nuit aussi à la bonne éducation des enfants et au bon ordre social, etc.

§ 4. Union volontaire et libre

5. Enfin, cette union doit être *volontaire* et *libre*, c'est-à-dire conclue, comme tout contrat, du consentement mutuel et libre des deux contractants.

Mais cette liberté ne va pas, même au point de vue purement naturel, jusqu'à pouvoir poser, en contractant cette union, *telles conditions* qu'il plaira aux deux personnes qui s'unissent de stipuler, sans tenir compte des lois essentielles du mariage.

Car, le mariage ayant une fin naturelle à atteindre, ceux qui s'y engagent doivent nécessairement vouloir cette fin et les moyens de la réaliser.

De sorte que le fait de poser *expressément* des conditions qui iraient, soit contre l'essence même du mariage, soit contre ses propriétés essentielles, et de subordonner le consentement à ces conditions, rendrait nul le contrat.

Article II

Au point de vue du droit positif divin

§ 1. Lois divines positives sur le mariage

6. Cette union de l'homme et de la femme qui, comme il vient d'être dit, est essentiellement basée sur le droit *naturel*, tire cependant sa dernière perfection de la volonté *positive* de Dieu qui a voulu, dès le principe même de l'humanité, en promulguer explicitement la fin première et la fin seconde aussi bien que les propriétés essentielles. (Gen. I. 27 et 28; II 18, 21, 24; Math. XIX. 6.)

Que si, dans la suite des temps, l'institution première du mariage a subi des atteintes, surtout parmi les peuples infidèles en qui les traditions primitives se sont davantage obscurcies, que si même certaines dispenses sont intervenues de la part de Dieu, au sujet de l'*indissolubilité* et de l'*unité* du mariage, au sein du peuple juif, N. S. Jésus-Christ a rétabli cette union dans sa pureté originelle, en déclarant ces dispenses désormais abrogées.

Il a même voulu donner au mariage une perfection plus sublime encore, en élevant le contrat naturel à la dignité de sacrement.

§ 2. Jusqu'à quel point obligent-elles les infidèles ?

7. Il ne peut évidemment être question du *sacrement* quand il s'agit du mariage entre seuls infidèles.

Mais les prescriptions de droit naturel et de droit positif divin les concernent aussi bien que les chrétiens, quand même il les *ignoreraient* absolument et seraient, à cet égard, dans la meilleure bonne foi. [1]

Le S. Office n'hésite pas à tenir pour dogme de foi incontestable, que, depuis le rétablissement par Jésus-Christ de l'union conjugale dans sa sainteté, son unité et son indissolubilité premières, il n'a pu être permis, ni aux infidèles, ni aux juifs, ni à quelque mortel que ce soit, d'avoir plusieurs épouses. [2]

De sorte que pour juger sainement de la validité d'une union contractée entre infidèles, il faut rechercher si rien d'essentiel n'y a manqué, pour constituer un vrai mariage, tant au point de vue naturel qu'au point de vue de la loi positive divine. Il faut de plus s'assurer encore que la loi *civile* ou une *coutume* ayant force de loi n'invalide pas le mariage contracté

---

[1] « Nam bona fides, et ignorantia (si tamen adsit) excusare a peccatis poterit eos qui in illicita et invalida unione vivunt : efficere tamen ut ea unio verum matrimonium sit, non poterit. » (S. Off. 4 février 1891 — Collect. n. 1304.)

[2] « Unde postquam Jesus Christus (Mat. XIX.) matrimonium ad pristinam reduxit sanctitatem, unitatem et indissolubilitatem. . . . nec infidelibus, nec judæis, nec ulli mortalium licuit plures sibi copulare uxores. Consequenter divinitus sic restituta monogamia, nonnisi unam uni legitimo validoque [conjugio devinciri posse, inconcussum fidei dogma habetur. » (S. Off. 28 mars 1860 — Coll. n. 1297.)

par les infidèles qui, sans cela, pourraient légitimement s'unir.

Pour eux, en effet, le pouvoir civil peut établir des empêchements dirimants du mariage, pourvu que ces prohibitions aient vraiment leur raison d'être : cela résulte de plusieurs décisions du S. Office ou de la Propagande. (Voir Collect. n. 1308, 1447, 1449.) [1]

Quant aux empêchements de droit *ecclésiastique,* il est clair qu'ils n'atteignent pas les infidèles tant qu'ils n'ont pas reçu le baptême, parcequ'ils ne sont pas les sujets de l'Église. Mais, ainsi qu'on le verra plus loin, certains empêchements ecclésiastiques, comme celui de l'affinité contractée dans l'infidélité, les atteignent dès qu'ils ont reçu le baptême, pour le mariage qu'ils ne contractent qu'après avoir été baptisés.

Article III

Conséquences de cette doctrine

8. Il résulte de ce qui vient d'être dit :

a. Que le mariage serait certainement nul, même entre infidèles, s'il était contracté sans aucune in-

---

[1] « Sequitur hinc principes sæculares, sive fideles sive infideles, plenissimam potestatem retinere in matrimonia subditorum infidelium, ut scilicet, appositis impedimentis, quæ juri naturali ac divino adversa non sint, eadem non solum quod ad civiles effectus, sed etiam quod ad conjugale vinculum penitus rescindant. Et quod de lege principis sæcularis hoc in casu dicitur, intellige etiam de legitima consuetudine, quæ vim legis in subditos infideles adepta est. » (Collect. n. 1447, in nota,)

intention d'un vrai mariage, c'est-à-dire, sans aucune volonté, de la part des conjoints, de s'unir l'un à l'autre de la manière dont s'unissent, dans le pays, ceux qui sont considérés comme vraiment mariés. (Collect. n. 1293.)

b. Serait également nulle toute union dans laquelle les conjoints, ou l'un seulement d'entre eux, n'auraient pas donné leur libre consentement, lequel est de l'essence même du mariage. (Coll. n. 1298.)

c. Serait encore nul, par défaut de consentement, un mariage dans lequel l'un des conjoints aurait été atteint de folie perpétuelle avant l'union, car il est incapable de consentir.

Il faut dire la même chose du mariage des *enfants* avant l'usage de la raison.

Toutefois, qu'on n'oublie pas que les enfants infidèles, dès qu'ils ont l'usage de la raison et sont par suite capables de consentement, peuvent validement contracter, bien qu'ils soient encore impubères. [1]

d. Le mariage serait aussi annulé entre infidèles :

1. Par l'*erreur* sur la personne, ou sur une qualité affectant la personne et à laquelle serait lié le consentement ;

2. Par l'*impuissance* physique ou l'impossibilité d'accomplir l'acte du mariage, si elle est permanente ;

---

[1] « Quando conjuges in infidelitate relicti matrimonio nondum consummato fidem amplecti nolunt, matrimonia eorum in impubertate contracta, haberine poterunt tanquam mera sponsalia de futuro pro conjuge ad fidem converso ?

« R. ad 1. Dummodo constet nullum fuisse impedimentum juris naturalis vel divini, et præsertim contrahentes verum consensum præstitisse, non esse sponsalia sed vera matrimonia. » (S. Off. 30 déc. 1885 — Coll. n. 1383.)

3. Par le *lien*, ou mariage légitime antérieurement contracté avec une personne encore vivante, et

4. Par une *condition* opposée à l'essence du mariage ou à ses propriétés essentielles, si toutefois elle est intervenue dans le contrat d'union.

5. La *consanguinité* ou parenté charnelle, qu'elle soit le résultat d'un légitime mariage ou de toute autre union, annule *certainement* le mariage au premier degré de la ligne directe, et *probablement* du moins, à tous les degrés de cette même ligne et au premier degré de la ligne collatérale, c'est-à-dire entre frère et sœur.

6. Enfin, le mariage entre infidèles pouvant être rendu invalide par des empêchements établis par la loi civile, il faut se renseigner sur ces sortes de prohibitions, et sur la portée qui leur est reconnue dans le pays, avant de se prononcer sur la validité d'un mariage.

Ces préliminaires étant posés, il faut aborder maintenant la question de l'existence d'un vrai mariage parmi les infidèles.

CHAPITRE II

EXISTE-T-IL UN VRAI MARIAGE PARMI LES INFIDÈLES

La question ici posée revient à ceci : existe-t-il réellement entre infidèles un véritable lien conjugal *indissoluble* de sa nature et ne pouvant avoir lieu qu'entre un *seul* homme et une *seule* femme ?

Il s'agit uniquement du mariage en tant que contrat *naturel* liant, leur vie durant, un seul homme et une seule femme d'une manière *indissoluble* devant Dieu, malgré la rupture apparente de ce lien devant les hommes et même dans leur propre pensée.

On verra :

1°　Que cette union est possible ;
2°　Qu'elle existe souvent de fait.

Article I

Possibilité d'un vrai mariage entre infidèles

9.　Envisagée au seul point de vue de la possibilité, la question ne peut présenter aucune difficulté sérieuse ; car il est bien évident que le fait pour un homme et pour une femme d'être infidèles, ne peut pas, par lui seul, les empêcher d'avoir la volonté de s'unir pour toujours, en se donnant un droit réciproque l'un sur l'autre, dans le dessein de mener la vie commune et en vue de se perpétuer dans leurs enfants :

D'autre part, ils peuvent fort bien se trouver dans des conditions telles, que rien ne s'oppose à la validité de cette union voulue par eux.

Inutile donc d'insister sur un point qui ne peut faire l'objet d'aucun doute.

Article II

Existence de fait d'un vrai mariage entre infidèles

Mais si de la pure possibilité on passe à l'examen de la question de fait, il faut bien reconnaître qu'il se rencontre des cas nombreux parmi les infidèles vivant ensemble comme mari et femme, où il y a lieu de douter de l'existence d'un vrai lien conjugal, ou même de se prononcer sans crainte d'erreur sur sa nullité.

§ 1. Raisons d'en douter

10. Les principales causes qui portent à douter de l'existence d'un vrai mariage parmi les infidèles sont en général :

1. L'absence apparente de tout consentement, de la part de la femme surtout, livrée le plus souvent à l'homme sans qu'elle soit même consultée, et se résignant à son sort comme si elle n'avait pas de volonté personnelle dans la question de son mariage ;

2. La facilité extrême avec laquelle sont rompues, souvent pour les plus futiles prétextes, soit par l'homme, soit même par la femme, les unions qui ressemblent le plus au mariage proprement dit ;

3. La pratique courante, dans les pays infidèles, d'une polygamie qui n'a pas d'autres limites que les ressources du maître de la maison ;

4. Le fait que, chez plusieurs tribus au moins, les unions ne paraissent contractées tout d'abord qu'en vue d'une expérience à faire de la personne à laquelle l'homme s'unit, avec la volonté bien arrêtée de rompre l'union, si on ne trouve pas en la personne choisie les qualités désirées.

5. Enfin, dans quelques peuplades peut-être, la promiscuité complète sans vrai notion du mariage.

§ 2. Examen de ces raisons

11. Ces raisons de révoquer en doute l'existence d'un vrai mariage parmi les infidèles, surtout lorsqu'on les trouve réunies au sein d'une même population, constituent, il est vrai, une présomption contre la validité des unions qui s'y contractent, mais elles ne permettent cependant pas, sauf la dernière, de conclure a *priori* et sans autre examen, à leur nullité.

C'est ce qui ressortira de l'examen qui va être fait de chacune d'elles.

a. Femme vendue ou livrée à l'homme sans être consultée

12. Ce mode de procéder est très répandu ; on pourrait presque dire qu'il est général parmi les infidèles de l'Afrique en particulier, et, à première vue, il semble bien être opposé à l'existence d'un véritable contrat matrimonial, puisque l'un des deux conjoints n'y a qu'un rôle purement passif en apparence.

Il faut cependant, pour bien en juger, ne pas confondre deux genres d'unions bien distinctes dans le sentiment des infidèles :

Celle qui ne constitue pas la femme véritablement épouse,

Et celle qui lui confère ce titre, avec les prérogatives qu'il comporte selon les usages du pays.

1. Sans qu'elle soit censée devenir véritable épouse

13. Il y a tout d'abord des circonstances où la femme est livrée à un homme *sans que*, selon les usages de la contrée, *elle soit censée devenir son épouse.*

Ainsi : a. Un maître donne à son esclave une femme esclave elle aussi, sans les consulter ni l'un ni l'autre et en conservant tout droit sur les deux, de sorte qu'à volonté il les séparera comme il les a unis, ou ils se sépareront eux-mêmes comme ils le voudront, sans être tenus par aucun lien ; dans ce cas, à moins que les deux esclaves ne se soient donné un mutuel consentement au mariage proprement dit, il n'y a pas de mariage légitime et indissoluble de sa nature. (S. Off. 12 sept. 1855. Coll. n. 1293.) [1]

Mais on ne peut inférer de là que toute union contractée par des esclaves, même lorsqu'ils peuvent

---

[1] « Mancipia apud infideles non proprie dictum matrimonium contrahunt, sed herus servam nubilem habens, volentem virum advocat, qui maritaliter cum serva vivit, nullo feminæ interrogato consensu ; filii qui nascuntur ad herum pertinent ; masculus vero advocatus nullo ligamine detinetur, et ad libitum discedit, ita ut femina pluribus successive eodem jungatur. Hujusmodi fornicarias conjunctiones nullam veri matrimonii rationem habere sine tergiversatione pronuntiavi... »

« R. Juxta exposita, dummodo in singulis matrimoniis præcedentibus Baptismum non interfuerit reciprocus matrimonialiis consensus, acquiescat. »

être vendus séparément par leur maître, être éman-
cipés l'un sans l'autre, et se séparer ainsi ou de toute
autre manière, par la fuite par exemple, sans se
préoccuper autrement du conjoint et des enfants,
n'est jamais un vrai mariage.

Il peut, en effet, y avoir eu entre eux, sans que la
chose ait été manifestée au dehors, un consentement
suffisant pour constituer une union légitime.

De là l'obligation de faire une enquête pour chaque
cas particulier qu'il y aura à trancher. (S. Off. 18 mai
1892. Collect. n. 2884.) [1]

b. Un père donne à son enfant âgé d'une quin-
zaine d'années une femme lui appartenant, mais
sans entendre le marier avec elle et en attendant
qu'il lui choisisse une épouse selon les usages du
pays.

Il n'y a pas là encore *en soi* un véritable mariage,
à moins que le jeune homme et la femme qui lui est
donnée, ne consentent mutuellement à l'union matrimoniale proprement dite, malgré les usages en
vigueur et les apparences contraires.

c. Il faut dire la même chose du cas où « un homme
achète une femme ou la reçoit en don, non point en
vue de contracter mariage avec elle, mais comme
sa *chose*, estimable à prix d'argent et pouvant être
mise en vente par lui, quand même il vivrait ensuite
avec elle et en userait comme de sa chose, à sa vo-

---

[1] « Cum præstituti non possit generalis regula, ex qua
matrimonia infidelium hujus regionis haberi debeant ve-
luti mera contubernia, (la question est posée pour les
esclaves), instituendum est in singulis particularibus casibus examen circumstantiarum et modi quo conjugium
primitus initum fuerit, tum etiam diuturnitatis aliorumque
adjunctorum quæ accesserint. »

lonté et pendant un temps plus ou moins long, sans entendre lui conférer aucun droit et sans lui demander son consentement, que celle-ci d'ailleurs ne songe nullement à donner, parce que pleinement sous la dépendance de l'homme, elle se regarde comme incapable de consentement comme de refus. » (Coll. n. 1303. S. Off. 3 avril 1889.)

d. Même solution à donner au cas où un chef reçoit au moment de son investiture, soit en même temps, soit successivement, un certain nombre de femmes, sans qu'il en choisisse aucune parmi elles à titre d'épouse proprement dite. [1]

2. Lorsque elle est considérée comme épouse

14. Il y a ensuite le cas où une femme *achetée* ou *livrée*, de quelque manière que ce soit, sans que le consentement lui soit expressement demandé, est cependant *reçue* et *considérée* comme véritable épouse d'après les coutumes du pays.

---

[1] « Vir mulierem acquirit mera emptione vel donatione, non præcise ad effectum matrimonii, sed ut vera res possessa et emptitia quæ vendi potest ut vera merces... cum ea muliere, casu dato, rem habet cum ea cohabitando... tempore indeterminato, aut perpetuo, prout ei placuerit, utendo et fruendo re sua, nullum tamen jus in re ei conferre intendens, nec ullum consensum ab ea petens, cum illam velut plene possessam viris et consensus incapacem existimet. Nec mulier ullum consensum dare videtur, cum seipsam incapacem existimet. »

S. Off. resp. « Matrimonium esse nullum. »

« Juvenis infidelis, cum in principem vel magnatem eligitur, plures accipit uxores, quæ ei vel diversis diebus vel etiam eadem die vel momento in unum traduntur, nullam vero accipit præ aliis cum speciali titulo et dignitate uxoris.

S. Off. respondit : « Non adesse verum matrimonium. »

a. Il faut remarquer avant tout, pour juger sainement de cette situation, que le fait de procéder par manière d'achat ou de fixation d'une sorte de dot à payer aux parents de la femme, étant purement extrinsèque au mariage constitué uniquement par le mutuel consentement des conjoints, ne peut être tenu en soi comme un obstacle à la validité.

Rien n'empêche en effet que la femme, quoique non consultée pour tout ce qui concerne la *préparation* du mariage et ses conditions purement extrinsèques, ne donne un vrai consentement à l'union, au moment où ce contrat est définitivement conclu, et ne devienne ainsi épouse légitime de celui auquel ses parents ont voulu l'unir.

b. Il faut dire la même chose de toutes les autres manières de *préparer* le mariage en usage dans les diverses contrées.

Dès lors, en effet, qu'elles n'affectent pas le contrat matrimonial lui-même, elles ne peuvent pas influer sur la validité de celui-ci. (S. Off. 9 décembre 1874, Collect. n. 1301. 7.) [1]

3. Conséquences

15. C'est donc à la présence ou à l'absence de consentement de la part des époux qu'il faut faire uniquement attention, pour juger de la validité ou de la nullité du mariage, lorsque par ailleurs aucun empêchement n'existe.

---

[1] « Neque in contrarium facit quod barbari in suscipiendo conjugio nulla utantur cæremonia et vir emat mulierem : nam solemnitates per se, maxime apud barbaros et infideles, ad essentiam non pertinent matrimonii, quod una naturali lege inspecta, etiam sine illis consistere potest. »

Or, 1. Le mariage est certainement nul, lorsque la femme est livrée *contre sa volonté* à un homme dont elle *ne veut pas*, mais qu'elle est contrainte de subir malgré elle.

2. Il est encore nul, quoique la femme livrée ne fasse aucune opposition extérieure qu'elle sait d'ailleurs inutile, si en réalité elle *ne consent pas* à l'union, et cela quand même toutes les cérémonies en usage dans le pays pour le vrai mariage auraient eu lieu. (S. Off. 22 août 1860; 20 juin 1866, Collect. n. 1298, 1276.)

3. Mais si la femme consent véritablement à l'union, quoique conclue tout d'abord par ses parents sans aucune participation de sa part, le mariage est, de ce chef, parfaitement valide, pourvu qu'aucun autre obstacle ne s'y oppose.

Or, à moins de volonté *contraire*, dont il faudrait, le cas échéant, s'assurer, le consentement est censé donné d'une manière suffisante, « dès lors que, selon les coutumes de la région, les signes extérieurs ou les cérémonies accomplies devant témoins, expriment assez le consentement mutuel et actuel de s'unir en mariage. » (S. Off. 22 août 1860, Coll. n. 1298 ; Cant. Cont. An. 1896, p. 44.)[1]

Donc, quelles que soient les formalités en usage, il faudra tenir le mariage pour valide, dès que les

---

[1] « Matrimonium firmum ac validum consistere quoties nutus vel cæremoniæ coram testibus præstitæ, juxta communem regionis existimationem, mutuum sponsorum de præsenti consensum sufficienter exprimunt.... quod si contrahentes, vel eorum alter, in cæremoniis patrio more habitis, intentionem seu voluntatem contrahendi de præsenti vere non habuerunt, matrimonium esse nullum. » (Collect. n. 1298.)

conjoints s'y seront *soumis*, à moins qu'ils n'aient eu l'un ou l'autre une *volonté contraire,* manifestée ou non.

Accepter, en effet, de se soumettre à ces formalités, c'est donner, au moins implicitement, son adhésion à ce qui est considéré dans la région comme le mariage proprement dit.

Il est bon de remarquer cependant pour éviter les difficultés pratiques en cette matière, que le mariage n'est vraiment conclu que lorsque les cérémonies en usage pour le mariage proprement dit ont eu lieu.

De sorte que, si, dans une région, toutes les cérémonies et conventions qui précèdent la tradition de l'épouse à l'époux, sont considérées seulement comme des préliminaires au mariage qui n'est censé conclu que lorsque l'épouse est amenée dans la maison de l'époux, ce ne sera que par ce dernier acte que le mariage sera conclu.

Il faut remarquer encore que, même lorsque le consentement a été refusé positivement, ou n'a pas été donné au moment où se faisait l'union, il peut être donné ensuite et rendre valide un mariage qui, dans le principe, était invalide.

Avant donc de se prononcer pour la nullité, il faudrait s'assurer si ce consentement n'est pas intervenu dans la suite.

b. Admission pratique du divorce

1. Réponse générale

16. Le fait que les infidèles admettent la possibilité du divorce et en usent avec grande facilité, entraîne-t-il la nullité du mariage ?

On ne peut mieux répondre à cette question que par les paroles suivantes du S. Office dans une Instruction du 9 décembre 1874 :

« Les missionnaires paraissent croire que les unions entre infidèles, même lorsqu'elles présentent une certaine apparence d'un vrai mariage, sont cependant rendues toutes invalides par l'erreur dans laquelle ils sont au sujet de sa dissolubilité, et par la pratique si répandue qui se base sur cette erreur; en d'autres termes, que toutes les unions matrimoniales sont viciées par une intention contraire à la substance du mariage. Mais Votre Grandeur sait très bien qu'une telle erreur dans l'esprit de celui qui contracte l'union ne nuit pas à la validité, tant qu'elle n'est point intervenue comme condition du pacte, ainsi que l'a souvent et très clairement déclaré cette S. Congrégation; etc... » (Collect. n. 1301. 8. Voir aussi n. 1358 et 2184.) [1]

2. Conclusions

17. Donc, ou bien :

1. Le mariage a été certainement conclu et le consentement donné *avec cette condition* que les

---

[1] « Missionarii præterea in ea esse videntur sententia, barbarorum conjunctiones etiamsi speciem quamdam gererent justi matrimonii, omnes tamen esse irritas ob errorem de conjugii dissolubilitate... seu, quod eodem redit, nuptiales omnes pactiones esse vitiatas intentione contraria substantiæ matrimonii. Verum A. T. optime novit, hunc errorem menti inhærentem et non deductum in pactum matrimonio non officere, ut sæpe sæpius disertis conceptisque verbis declaravit hæc S. C. (Collect. 1301. 8.)

époux auraient la liberté de se séparer pour telle ou telle raison et dans telle et telle circonstance, et alors le mariage est invalide parce que le consentement est subordonné à une condition qui en vicie la nature ;

2. Ou bien cette condition n'a pas été posée et n'est nullement intervenue dans le contrat, et alors, malgré la persuasion dans laquelle les contractants auraient pu être de sa dissolution possible, le cas échéant, le mariage est valide, parce que le consentement porte en fait et uniquement sur l'union telle qu'elle est en elle-même, sans qu'il soit réellement influencé par l'erreur concomitante sur la faculté du divorce.

L'importance pratique de ces conclusions demande qu'elles soient expliquées plus en détail.

a. La persuasion erronée dans laquelle se trouveraient les infidèles ou les hérétiques que le lien conjugal peut être rompu, ne suffit donc pas à elle seule pour rendre le mariage nul.

L'union devra même régulièrement être tenue pour valide, malgré cette persuasion commune [1], tant qu'il ne sera pas établi que l'erreur susdite est réellement intervenue dans le contrat pour faire de la possibilité du divorce une condition substantielle de celui-ci, c'est-à-dire une condition à laquelle le consentement des parties, ou au moins de l'une d'entre elles, a été positivement subordonné.

---

[1] « 3. Matrimonia ab infidelibus sive liberis, sive servis, etiam dote intercedente, contracta, hac tamen persuasione quod sint solubilia si divortium vel polygamia locum habeat, habenda sint ne ut vera et legitima ? »

« Ad 3. Matrimonia contracta, ut exponitur, generatim habenda esse uti legitima, nisi aliud obstet impedimentum juris naturalis et divini. » (S. O. 18 mai 1892. Coll. n. 2184.)

Dès lors, en effet, que cette condition intervient dans le contrat lui-même, le mariage est voulu sans l'une des propriétés *essentielles* dont il ne peut être privé sans cesser d'être un vrai mariage.

b. Mais comment reconnaître en pratique que le consentement a été vraiment subordonné à la condition que le divorce pourrait se produire, ou, en d'autres termes, quand pourra-t-on dire que cette condition est réellement entrée dans le contrat ?

On pourra le reconnaître, soit par l'examen de la formule du contrat, soit dans les circonstances qui l'accompagnent, soit enfin par le témoignage des contractants eux-mêmes.

1. On le reconnaîtra d'abord avec certitude par l'examen de la *formule* même du contrat, dans le cas où celle-ci renfermerait expressément une clause indiquant la volonté de ne s'engager que *temporairement* et stipulant la faculté de rompre le lien conjugal, comme si on disait, par exemple : « Je ne consens au mariage qu'à la condition de pouvoir le dissoudre en cas d'infidélité, ou d'incompatibilité de caractère, etc..., ou toutes autres expressions qui indiqueraient manifestement l'intention d'exclure la perpétuité absolue du lien.

2. On pourra le conclure encore, même lorsque la formule du contrat ne contient rien de semblable, des circonstances ou des faits qui l'accompagnent de près ou de loin, et qui peuvent, en certains cas et en certains lieux, manifester assez clairement la volonté des conjoints de ne pas contracter une union perpétuelle et indissoluble.

Voici comment s'exprime à ce sujet le S. Office dans l'Instruction déjà citée : « Il est nécessaire de ne pas se borner à l'examen des paroles dont on s'est servi pour exprimer le consentement, mais il faut de plus peser les faits qui peuvent se rapporter à l'expression même du consentement ou à la manière dont celui-ci est exprimé. Si ces faits sont tels que, d'après l'usage ou la coutume reçue dans le pays, ils sont interprétés comme renfermant cette condition opposée à la validité, il sera tout naturel de conclure qu'il n'y a pas eu consentement à un lien perpétuel et absolument indissoluble.

..... « Il peut arriver, en effet, que la persuasion commune et à peu près universelle soit telle, que le mariage ne soit considéré que comme un contrat temporel et conditionnel et que ce soit exclusivement comme tel qu'il est conclu [1]. »

Ainsi on aurait une très grave raison de croire qu'une condition opposée aux propriétés du mariage intervient généralement d'une manière tacite dans le contrat d'union, « là où règnerait la coutume constante et générale de changer d'épouse ou de l'abandonner à la prostitution à l'époque fixe de

---

[1] Ad hoc cognoscendum non solum consideranda erunt verba quibus consensus fuit expressus, sed etiam ponderanda erunt facta, quæ ipsam consensus expressionem, vel modum ejusdem expressionis respicere possunt. Quæ si talia fuerint ut usus et consuetudo istorum locorum ea interpretentur tamquam prædictæ conditionis irritantis inductiva, pronum erit inferre defuisse consensum in contractum perpetuum et omnino indissolubilem.

.... « Fieri potest, ut talis adsit communis et fere universalis persuasio vi cujus retineatur matrimonium contractum nonnisi temporaneum et conditionatum esse, neque aliter nisi sub hac ratione contrahatur. » (S. Off. 1877. Coll. n. 1302.)

certaines fêtes de fausses divinités. » (S. Off. 9 déc. 1874. Coll. n. 1301, 9.)

3. Enfin, même lorsque rien, ni dans la formule même du contrat, ni dans les diverses circonstances qui s'y rattachent de près ou de loin, ne manifeste à l'extérieur la volonté d'exclure la perpétuité du lien, il peut très bien se faire que les conjoints ou du moins l'un d'entre eux, aient l'intention positive de ne pas consentir à une union perpétuelle, mais de ne s'engager qu'à condition de pouvoir rompre le contrat.

Dans tous ces cas la condition opposée à une des propriétés essentielles du mariage intervient dans le contrat, directement ou indirectement, expressément ou d'une manière tacite, et rend l'union nulle.

On verra plus loin la différence très importante qu'il y a, au point de vue pratique, entre les deux premiers cas et le dernier.

c. Il reste à montrer pour le moment comment la persuasion erronée que le lien conjugal peut être rompu en certains cas, ne s'oppose pas à la validité, lorsqu'elle est purement *concomitante* et n'influe pas sur le consentement mutuel des deux époux, c'est-à-dire, lorsque l'erreur sur la possibilité du divorce accompagne seulement l'acte par lequel la volonté se lie, mais ne l'influence pas réellement.

Pour que cette erreur purement *concomitante* mît obstacle par elle seule à la validité du lien conjugal, il faudrait qu'elle produisît dans l'esprit des contractants la conviction que la *dissolubilité* du lien est une propriété *essentielle* du mariage, de sorte que ne le concevant pas autrement que comme *dissoluble,* il leur fût impossible de vouloir autre chose qu'une union temporelle de sa nature, quand même ils n'y penseraient pas explicitement au moment de conclure.

Mais loin de faire naître une telle conviction, cette erreur, dès lors qu'elle n'entre pas dans le contrat lui-même de l'une des manières ci-dessus indiquées, ne peut avoir sur l'esprit d'autre résultat que de lui faire considérer le mariage comme susceptible d'être *accidentellement* rompu, tout en restant *stable* dans son fond, et tant que l'accident qui le rendra dissoluble ne se sera pas produit.

Si donc l'erreur reste purement concomitante, elle ne s'oppose pas par elle seule à ce que les contractants veuillent avant tout le mariage tel qui est substantiellement en lui-même, et par conséquent avec sa perpétuité, malgré l'accident possible du divorce.

C'est ce qui a eu lieu particulièrement dans les cas suivants :

1° A la volonté générale de conclure un vrai et légitime mariage, qu'ils contracteraient quand même n'existerait pas dans leur esprit la persuasion erronée que ce lien peut être rompu en certains cas, les contractants unissent l'intention de recourir au divorce, si telle circonstance vient à se produire.

L'union est valide, parce que la volonté générale et *absolue* de contracter un vrai mariage, prédomine et absorbe en quelque sorte l'autre intention *hypothétique* et subordonnée à des événements accidentels et indépendants de la volonté actuelle des contractants.

C'est la doctrine constante des Congrégations Romaines [1].

---

[1] Voir en particulier : Collect. n. 1301-1302 etc.

2° Tout en ayant connaissance de la faculté prétendue de se séparer en certains cas, les contractants n'ont, en fait, au moment où ils donnent le consentement, aucune intention de recourir au divorce, et ne pensent qu'à s'unir par un vrai mariage.

Dans ce cas, moins encore que dans le précédent, il ne peut y avoir aucun doute sur la validité du mariage, puisque l'erreur qui existe dans l'esprit n'exerce aucune influence sur la volonté des contractants.

3° Malgré la persuasion erronée dans laquelle ils sont que le lien conjugal peut être rompu en certains cas, les contractants excluent expressément dans le contrat lui-même, ou au moins dans leur volonté, l'intention de recourir au divorce, soit parce qu'ils ont la confiance que l'occasion ne s'en présentera pas, soit parce qu'ils sont actuellement résolus à tout se pardonner, et alors rien ne peut évidemment s'opposer de ce chef à la validité.

d. Il est donc nécessaire avant de rien conclure, de « rechercher avec grand soin si une condition contraire à la perpétuité et à l'indissolubilité du lien conjugal est intervenue de quelque manière dans le contrat, directement ou indirectement, explicitement ou implicitement, ou, en d'autres termes, si le mariage a été conclu avec la volonté perverse de ne pas consentir à un lien perpétuel [1]. »

---

[1] « Omni diligentia et solertia investigandum erit utrum conditio contraria ¡perpetuitati et indissolubilitati vinculi conjugalis aliqua ratione directe vel indirecte, explicite vel implicite in pactum fuerit a contrahentibus deducta, seu utrum matrimonium fuerit contractum cum prava voluntate non consentiendi in vinculum perpetuum. » (S. Off. 1877. Coll. n. 1302.)

Cette enquête est obligatoire pour chaque cas, parce qu'on ne peut a *priori* inférer la nullité des usages d'une population, quelque opposés qu'ils paraissent, à première vue, à l'indissolubilité. Ces usages peuvent bien faire suspecter en général la validité de toutes les unions, mais ils ne permettent pas de se prononcer en bloc pour la nullité, sauf là où existerait la promiscuité absolue ou la coutume universelle de se séparer définitivement à des époques déterminées d'avance.

On conclura donc à la nullité dans les cas seulement où l'enquête aura *démontré* que la condition du divorce est intervenue dans le contrat, de l'une des manières exposées plus haut.

Mais il faut bien remarquer que pour prononcer légitimement la nullité, la preuve qu'une condition opposée à la validité est intervenue doit être faite au *for externe,* ce qui ne peut avoir lieu que dans le cas où la volonté de ne contracter qu'à cette condition a été *explicite* et *extérieurement* manifestée [1], soit par la formule même du contrat, soit par les circonstances.

On ne peut donc trouver cette preuve suffisante dans la seule assertion des conjoints qu'ils n'ont jamais entendu se lier pour toujours.

Toutefois, par les unions *contractées dans l'infidélité,* ce manque de preuve peut être suppléé par le serment dont il est parlé au n. 26, et qui, d'après une explication donnée par le S. Office lui-même, le 25 mai 1898, peut être déféré aux conjoints, même après leur baptême, pour l'union qu'ils auraient

---

[1] « Ipse Indianus legitime probet se habuisse in contrahendo explicitam voluntatem repudii in causa adulterii exterius manifestatam, » (S. Off. 23 mai 1898.)

conclue dans l'infidélité et qui n'aurait pas été va-
lidée depuis qu'ils sont devenus chrétiens. (Voir
n. 26.)

Si la validité est seulement douteuse, il n'y a qu'à
appliquer les principes indiqués n. 26.

c. Polygamie

18.   La difficulté tirée de la pratique de la polygamie comporte, au point de vue de la validité du
mariage, la même solution que celle qui vient d'être
donnée au sujet du divorce, c'est-à-dire que la *pensée*,
ou même l'*intention* arrêtée de s'unir à plusieurs
femmes, n'entraîne la nullité du *premier* mariage
que dans le cas où elle entre dans le contrat comme
condition, si par ailleurs rien ne manque à la validité [1].

Avant donc de déclarer nul le premier mariage
d'un polygame à cause de l'intention qu'il aurait eue,
en le contractant, de s'unir à plusieurs femmes, il
faut s'assurer si cette intention a été ou non incluse
dans le contrat; si oui, le mariage serait nul par suite
d'une condition opposée à l'une de ses propriétés
essentielles; si non, le mariage serait valide de ce chef.

Mais il va de soi que toutes les unions contractées
ensuite, tant que la première épouse est en vie,
qu'elle soit encore avec le mari ou qu'elle ait été
renvoyée par lui, sont nulles de plein droit, si cette
première union était valide.

---

[1] Voir la note page 20.

d. Unions en vue d'expérience

1. Elles sont nulles en général

19. Quant aux unions qui seraient contractées uniquement en vue d'une sorte d'expérience que l'homme voudrait faire de la femme à laquelle il s'unit, ou réciproquement, il est bien certain qu'elles ne sont point, dans le principe, un véritable mariage, puisque la volonté de se lier fait, pour le moment, entièrement défaut.

2. Elles peuvent cependant devenir valides

20. Mais il est non moins certain que cette union, si elle persévère, peut devenir un véritable mariage, car « la raison d'être de l'expérience étant de s'assurer si la vie commune convient, dès qu'il n'y a plus de doute sérieux sur la permanence de l'union, on peut conjecturer un nouveau consentement absolu qui a rendu le mariage ferme. » (S. Off. 9 déc. 1874. Coll. n. 1301, 17 et 18.)[1]

La même S. Congrégation a également déclaré *valides* des mariages contractés sans aucune des formalités en usage dans le pays, et réputés nuls, mais qui, légalement, deviennent de vrais mariages après quatre ans de cohabitation. (22 nov. 1871. Coll. n. 1356.)

---

[1] « Et sane cum experimenti ratio tota et unice in eo consistat, ut contrahentes videant utrum suscepta vitæ consuetudine contenti sint, eo ipso quod de hujus perpetuitate vix ullum supersit dubium, conjici potest contubernales novum absolutumque deinceps præstitisse consensum, et matrimonium evasisse ratum. » (Coll. 1331 — 18.)

Une coutume parfaitement établie et ayant force
de loi pourrait avoir le même effet.

3. Conduite pratique à suivre

21. Dans toute hypothèse, même lorsqu'il est certain que l'union n'a été contractée tout d'abord qu'en
vue d'une expérience à faire du caractère ou des
qualités de la personne, il faut toujours une enquête
sérieuse sur la conduite mutuelle des époux dans le
temps qui a suivi, avant de se prononcer définitivement pour la *nullité*.

Cela ressort de plusieurs décisions du S. Office, en
particulier d'une réponse du 18 mai 1892, où il est
dit : que pour ajouter foi au serment fait par un infidèle converti, et qui marié dans ces conditions,
affirme n'avoir jamais entendu contracter un vrai
mariage, il faut qu'une enquête sérieuse ne laisse
subsister aucun doute important sur sa véracité. (Voir
le texte cité en note au n. 18.)

e. En cas de complète promiscuité

22. Dans les circonstances assez rares d'ailleurs où
on constaterait au sein d'une peuplade une *promiscuité* absolue, à la manière des animaux, sans aucun indice qui indique la notion même vague d'un
vrai mariage, on pourrait conclure sans hésiter à la
nullité des unions [1].

---

[1] « Inveniuntur siquidem adeo perditi, apud quos nulla
conjux propria est, sed ut cuique libitum fuerit pecudum
more lasciviunt .... qua in hypothesi perperam de jure
matrimonii institueretur quæstio. » (S. Off. 28 mars 1860,
Coll. n. 1297.)

Mais, si ces cas se rencontrent, c'est certainement à l'état de très minime exception, et on fera toujours bien de ne pas trop se hâter de conclure à la complète communauté des femmes dans une tribu.

§ 3.   Conclusions

De cet exposé emprunté aux instructions et décisions du S. Office, il est aisé de tirer quelques conclusions pratiques qui aideront à juger plus facilement de la valeur des unions sur lesquelles le missionnaire aurait à se prononcer, si l'un ou l'autre des conjoints ou les deux se convertissent.

a.   Ne pas juger en bloc et a priori

23.   Quelles que soient les idées qu'une peuplade se fasse du mariage, il ne faut pas se hâter de conclure en bloc à la nullité des unions qui s'y contractent; une enquête particulière sur chaque cas permettra seule de juger en connaissance de cause, ainsi que l'a déclaré plusieurs fois le S. Office. (Voir en particulier, Collect. n. 2184, cité en note n. 16.)

b.   Présomptions en faveur de la validité

24.   a. Mais chez toutes les populations où l'union matrimoniale se distingue de toute autre union; dès qu'elle fait l'objet d'un contrat spécial conférant certains droits et imposant certains devoirs; dès que le crime d'adultère est passible de châtiment; dès que la famille est constituée au moins sommairement et avec ses principales relations, il y a présomption en faveur de l'existence d'un vrai mariage, et on ne peut conclure à la nullité qu'après une enquête qui la démontrerait. (S. Off. Coll. n. 1301. 3. 4. 5. 6.)

b. La première épouse par ordre d'origine d'un polygame devra donc régulièrement être considérée comme légitime, quand même existerait dans le pays l'usage d'acheter les femmes, ou celui du divorce.

Toutefois avant de se prononcer définitivement pour la validité, il faut s'assurer qu'aucun empêchement de droit divin, naturel ou positif, ou même de droit civil, n'a rendu le mariage nul, et, qu'en le contractant, on n'a fait intervenir aucune condition opposée à l'essence ou aux propriétés essentielles du mariage. (Collect. n. 1297.) [1]

c. La présomption en faveur de la validité sera évidemment plus grande, lorsque toutes les formalités usitées dans le pays pour l'union qui ressemble le plus au vrai mariage auront été gardées; tandis qu'il y aura, au contraire, présomption pour la nullité, lorsque l'union contractée n'aura pas, d'après les usages en vigueur, les caractères du contrat matrimonial. (Voir les cas indiqués n. 12.)

d. Quant aux unions contractées en vue de *l'expérience* que les contractants entendent faire avant de s'engager, il faudrait s'assurer avant de conclure à la nullité, que le mariage n'est pas devenu *ferme* dans la suite, ainsi qu'il a été dit plus haut.

---

[1] « Hinc sequitur in polygamia tam infidelis quam hæretici regulariter primam habendam esse pro legitima, nisi ob aliquod dirimens impedimentum vitientur nuptiæ.... Consideranda est etiam et forma nubendi, an in pactum redigatur matrimonii solubilitas, aliudve essentiæ matrimonii contrarium. » (S. Off. 28 mars 1860.)

c. Cas où l'enquête manifeste la nullité
du premier mariage d'un polygame

25. Si l'enquête manifestait la nullité de la première union d'un polygame, il faudrait s'assurer de la valeur de la seconde, ou de l'une de celles qui ont suivi, car ce qui fait conclure à la nullité d'une première union, peut fort bien ne pas se rencontrer dans une autre, de sorte que de l'invalidité de l'une on ne peut pas conclure à la nullité de l'autre.

Si, au contraire, l'enquête révèle la validité de la première union, on conclura rigoureusement à la nullité de toutes les suivantes contractées du vivant de la première épouse, quelle que soit sa situation actuelle. (S. Off. 20 juin 1866. Coll. n. 1354.)

Mais il faut ne pas oublier que la première épouse est celle avec laquelle l'union a été tout d'abord contractée, selon les usages qui, d'après l'estimation commune de la population, sont considérés comme exprimant d'une manière suffisante le consentement mutuel des époux, quand même la cohabitation n'aurait commencé qu'après une seconde union consommée, ou même quand il n'y aurait jamais eu cohabitation. (S. Off. 17 août 1898, Can. cont. An. 1899, p. 44.) [1]

La personne dont il s'agit dans cette conclusion, resterait évidemment la première épouse, et par conséquent la seule *légitime,* quand même le divorce

---

[1] « Standum esse pro matrimonio sive consummato, sive non consummato, prioritate temporis celebrato, illis quidem cæremoniis patrio more adhibitis, quæ juxta communem regionis existimationem mutuum sponsorum de præsenti consensum sufficienter exprimunt. »

aurait eu lieu avant la consommation du mariage,
dans le cas, bien entendu, où l'union aurait été valide.

d. Cas où il reste un doute sur la validité

26.   Si, après sérieuse enquête, il reste un doute
probable en faveur du lien, il faut régulièrement
tenir pour la validité, ainsi que l'a plusieurs fois
déclaré le S. Office, surtout lorsque la possession
est en faveur du mariage, comme cela a lieu lorsque les conjoints se croient vraiment mariés et sont
tenus pour tels dans l'appréciation commune (18
décembre 1872, 9 déc. 1875. Coll. n. 1300, 1301.)

Toutefois, lorsqu'un infidèle dont le mariage est
douteux se convertit, la règle dictée par le S. Office
et constamment suivie par le Saint-Siège, est que
ce doute doit être interprété en *faveur de la foi*,
c'est-à-dire en faveur du nouveau converti; de sorte
qu'on devra prononcer pour la *nullité* si le bien du
néophyte le demande, ou, au contraire, pour la
validité, si ce même bien l'exige. (Voir Coll. n.
1301-12-13-14-15.) [1]

---

[1] « In re dubia in favorem fidei pronuntiandum esse
constans regula est, » ait Benedictus XIV ; jam vero
clarius est quam ut dici oporteat, in his adjunctis (quando causa in incerto relinquitur, et neque separationi sit
locus, neque ex malitia partis infidelis consensus renova-
tioni) favorem fidei postulare ut stetur pro matrimonii validitate. Novit A. T. hanc S. Congregationem huic principio
innixam declarasse, casu quo polygamus infidelis a christiana religione amplectenda retineatur, eo quod una ex
parte hæc unam tantum concedat uxorem, ex alia vero
parte ille vel retinere velit justæ uxoris loco aliquam ex
pellicibus quæ non est prima uxor, vel aliam ducere (quæ
tamen et ipsa religionem amplectatur); si de valore matrimonii prudenter dubitetur, posse missionarium hanc ei
potestatem facere. »

Mais il faut bien remarquer que dans le cas où le bien spirituel du converti demande que l'union *douteuse* contractée par lui avant le baptême soit dissoute, il n'est nullement requis pour la rompre d'accomplir toutes les formalités requises pour le privilège paulin dont il sera bientôt parlé.

Il suffit qu'elle soit vraiment *douteuse* pour qu'elle puisse légitimement être rompue, après enquête sérieuse, dans les circonstances qui seront exposées en détail au chap. IIe de la 3e partie.

Que si le bien spirituel du converti demande que le mariage soit maintenu, il faut évidemment le rendre *certain* en faisant renouveler le consentement.

Remarquons enfin que lorsqu'un infidèle qui *se convertit* affirme sous la foi du serment, qu'il n'a jamais donné son consentement au mariage, l'union peut être considérée comme nulle, si, après une enquête sérieuse sur la confiance qu'il mérite, il ne reste aucun doute, ou seulement un doute léger, sur sa véracité. (S. Off. 18 mai 1892. Collect, n. 2185.) [1]

On pourra donc lui permettre un nouveau mariage avec une personne catholique, sans qu'il soit besoin de recourir à d'autres formalités.

---

[1] « 1. Potest ne ipsis fides adhiberi si jurejurando affirmant se nunquam indissolubili vinculo cum præcedentibus uxoribus matrimonium contraxisse....

« R. Ad 1. Affirmative, si agatur de infidelibus, post institutum diligens examen omnium adjunctorum circa ipsorum credibilitatem, et nullum aut leve dubium supersit de assertionis veritate. Negative, si agatur de fidelibus, sed requitur legitima probatio. »

Interprétant lui-même le décret de 1892, le S.
Office déclare, le 25 mai 1898, que la première
partie concerne seulement ceux qui *avaient contracté* dans l'infidélité : « eos qui in infidelitate con-
traxerant. » D'où on peut conclure que les néophytes
peuvent eux-mêmes être admis à faire le serment
dont il s'agit, lorsqu'il est uniquement question du
mariage contracté par eux dans l'infidélité et resté
depuis tel qu'il était avant leur baptême. (Can.
Cont. 1898, p. 606.)

Mais il va de soi que ce serment, qu'il soit fait
par un catéchumène ou par un néophyte, ne peut
tenir lieu de preuve que si la véracité de celui qui
le prononce est certaine ; si on ne pouvait compter
sur cette véracité, on ne pourrait évidemment s'appuyer sur un tel serment pour permettre une nouvelle
union.

———

CHAPITRE III

INDISSOLUBILITÉ DU MARIAGE
DES INFIDÈLES
LORSQU'IL EST VALIDE

27. Lorsque le mariage contracté entre deux
infidèles remplit toutes les conditions requises pour
la *validité*, d'après les principes exposés ci-dessus,
il est absolument *indissoluble* et ne peut être
rompu que par la *mort* de l'un des deux conjoints,
tant que ceux-ci demeurent dans l'infidélité, que le
mariage ait été ou non consommé, et que les époux

aient ou non connu cette propriété de l'union conjugale [1].

a. Il ne peut être *rompu*, en effet, par la volonté seule de l'un des conjoints, ni par leur consentement mutuel, puisque la volonté humaine ne peut rien contre la nature des choses et la volonté formelle de Dieu, sur lesquelles reposent l'indissolubilité du lien une fois formé.

b. Il ne peut l'être non plus par la volonté d'un législateur humain quel qu'il soit, parce que toute loi humaine manifestement opposée à la loi divine naturelle et positive est nulle de plein droit et de nul effet.

Si donc, comme on l'a vu plus haut, la loi civile ou une coutume raisonnable ayant force de loi, peuvent créer des empêchements dirimants au mariage entre *infidèles*, elles ne peuvent absolument rien sur le lien conjugal une fois légitimement formé, car l'homme ne peut pas séparer ce que Dieu a uni, à moins d'une délégation expresse que Dieu n'a jamais accordée au pouvoir civil.

c. Il ne peut pas non plus être rompu par l'Église, parce que celle-ci n'a aucun pouvoir sur les infidèles tant qu'ils restent dans l'infidélité.

d. Mais si l'un des infidèles légitimement marié dans l'infidélité vient à se convertir, il est placé de ce chef sous l'autorité de l'Église, et alors se pose tout naturellement la question de savoir quel pouvoir l'Église peut exercer sur l'union conclue par ce néophyte lorsqu'il était encore infidèle.

L'examen de cette importante question fera l'objet de la seconde partie.

---

[1] « Matrimonium etiam in infidelitate contractum natura sua est indissolubile. » (S. Off. 11 juillet 1866. Coll. n. 1353).

DEUXIÈME PARTIE

LE PRIVILÈGE PAULIN

La question du *privilège paulin* est sans contredit une de celles qu'il importe le plus au missionnaire de connaître dans le détail, en raison de son importance pratique et de la fréquence des cas qu'il a à résoudre en cette matière.

Il est donc utile de l'exposer avec le plus de clarté possible en parlant successivement :

1. De la *nature* et des *conditions* de ce privilège ;

2. De l'*interpellation* nécessaire à qui veut en user ;

3. De la *dispense* de cette interpellation ;

4. Du *pouvoir* que certains auteurs attribuent au Souverain Pontife de dissoudre, en dehors même de l'application du privilège paulin, un mariage contracté dans l'infidélité, lorsque les époux ou au moins l'un d'entre eux se convertissent.

CHAPITRE I

NATURE ET CONDITIONS
DU
PRIVILÈGE PAULIN

Article I

En quoi consiste le privilège paulin

28. a. Le *privilège paulin* est la *faculté* accordée à *un infidèle* lié à un autre par un *mariage légitime* et qui *se convertit*, de *contracter, une fois baptisé, un nouveau mariage* chrétien qui entraîne la *rupture* de l'union légitime contractée dans l'infidélité, lorsque *l'autre époux* dûment *interpellé, refuse* de se *convertir*, ou du moins de *cohabiter* sans que Dieu soit outragé.

b. Ce privilège appelé *paulin* parce que S. Paul l'a promulgué dans sa 1ʳᵉ épître aux Corinthiens, ch. VII, v. 12 et suivants [1], est appelé aussi privilège

---

[1] « Nam cæteris ego dico non Dominus. Si quis frater uxorem habet infidelem, et hæc consentit habitare cum illo, non dimittat illam.

Et si qua mulier fidelis habet virum infidelem, et hic consentit habitare cum illa, non dimittat virum....

Quod si infidelis discedit, discedat, non enim servitūti subjectus est frater, aut soror in hujusmodi : in pace autem vocavit nos Deus. »

divin, parce que Dieu seul, soit immédiatement soit par les pouvoirs conférés à l'Apôtre, pouvait· le concéder.

Il est encore appelé le privilège de *la foi, en faveur de la foi,* parce que seul l'infidèle devenu chrétien par le baptême peut en user, et rompre ainsi, par une faveur unique, un lien qui de sa nature et en vertu de la loi positive de Dieu, est absolument indissoluble.

c. Il consiste donc essentiellement en ce que, malgré l'existence d'un mariage légitime contracté dans l'infidélité, et même consommé, celui des époux qui embrasse la religion chrétienne, l'autre persévérant dans son erreur, est entièrement libre de contracter une nouvelle union, après que le conjoint infidèle interpellé a refusé absolument de se convertir ou de cohabiter, ou du moins de cohabiter sans que Dieu soit outragé.

d. D'où il résulte que le conjoint qui se convertit n'est pas *délié* de son lien matrimonial au moment même où il se convertit et est baptisé, mais il acquiert alors le *droit* de contracter un nouveau mariage chrétien, si le conjoint infidèle refuse de se rendre à l'interpellation.

Le premier mariage ne sera rompu en fait que lorsque le converti contractera sa nouvelle union. (S. Off. 11 juillet 1866; Collect. n. 1353.)[1]

---

[1] « Hoc privilegium divinum in eo consistere, quod stante matrimonio legitime in infidelitate contracto, et consummato, si conjugum alter christianam fidem amplectitur, renuente altero in sua infidelitate obdurato cohabitare cum converso, aut cohabitare quidem volente sed non sine contumelia Creatoris,.... tunc integrum fit conjugi converso transire ad alia vota, postquam infidelis interpellatus, aut absolute recusaverit cum eo cohabitare, aut animum sibi

e. La *faculté* qui est ainsi concédée par le fait de son baptême au nouveau converti, est un *droit* qu'il a de contracter une nouvelle union ; mais il va de soi qu'il est libre d'en user ou de ne pas en user à son gré.

De sorte que s'il ne peut cohabiter avec le conjoint resté dans l'infidélité, parce que, pour une cause ou pour une autre, la cohabitation pacifique n'est pas possible, il peut fort bien, s'il le désire, demeurer dans le célibat. Mais alors le mariage n'est point dissous, et il reste toujours lié au conjoint infidèle.

Toutefois, le fait de ne pas user actuellement de son droit ne lui fait pas perdre celui-ci ; il lui sera donc loisible d'en user plus tard, s'il le veut, pourvu que l'autre conjoint persiste dans l'infidélité.

f. Ce droit de contracter un nouveau mariage chrétien, n'est même pas perdu dans le cas où le conjoint infidèle *aurait consenti tout d'abord à la cohabition* tout en restant dans l'infidélité.

En conséquence, si la cohabitation devient ensuite impossible, le converti pourra encore user de la faculté de contracter une nouvelle union chrétienne, à moins qu'il n'ait donné lui-même au conjoint

---

esse ostenderit cum illo quidem cohabitandi, sed non sine Creatoris contumelia. Juxta idem divinum privilegium conjugem conversum ad fidem, in ipso conversionis puncto non intelligi solutum a vinculo matrimonii cum infideli adhuc superstite contracti, sed tunc, si conjux infidelis renuat, acquirere jus transeundi ad alias nuptias cum tamen conjuge fideli. Cæterum tunc solum conjugii vinculum dissolvi quando conjux conversus transit cum effectu ad alias nuptias. »

infidèle un juste motif de cesser la cohabitation. (S. Office 11 juillet 1866, déjà cité.) [1]

g. L'obligation de droit naturel qui incombe à l'époux converti de veiller à l'éducation chrétienne des enfants qu'il aurait eus avant son baptême, n'est pas un obstacle absolu à l'usage du privilège, lorsque parfaitement décidé à remplir ce devoir ·si cela lui devient possible, il en est actuellement empêché par la malice du conjoint resté dans l'infidélité qui ne veut, ni se convertir, ni cohabiter pacifiquement, ni se dessaisir des enfants.

Le juge ecclésiastique pourra donc, même alors, autoriser une nouvelle union chrétienne.

Mais il restera toujours obligatoire pour l'époux converti et passé à de nouveaux liens de s'occuper de l'éducation chrétienne des enfants restés avec l'infidèle, si cela devient possible. (S. Off. 11 juillet 1866, Collect. n. 1353 ad 4.)

---

[1] « Ad. 1. Si quando evenerit ut, stante duorum infidelium matrimonio, alter conjugum ad fidem conversus baptismum susceperit, atque cum infideli conjuge pacifice, ac sine contumelia Creatoris cohabitaverit, si postmodum infidelis (quin tamen pars fidelis rationabile motivum dederit discedendi) ne dum converti recusaverit, sed insuper, fracta fide de pacifica cohabitatione, aut odio religionis discesserit, aut sine contumelia Creatoris cohabitare noluerit, vel fidelem ad peccatum mortale, aut ad infidelitatem trahere tentaverit, integrum erit conjugi fideli ad alia vota transire. »

Article II

Qui peut user du privilège paulin

Il résulte de l'exposé qui précède que la faculté d'user du privilège paulin n'est accordée qu'à un *néophyte* et seulement pour le mariage *contracté dans l'infidélité*.

§ 1. Il faut être néophyte

29. Par conséquent : 1. Tout nouveau converti *homme ou femme*, lié, avant sa conversion, par un légitime mariage à un infidèle qui reste dans l'infidélité et ne veut pas cohabiter pacifiquement, a le droit d'user, après son baptême, du privilège paulin, qu'il se convertisse du paganisme, de l'islamisme, du judaïsme, ou même d'une secte protestante dans laquelle il n'aurait pas été baptisé validement avant son mariage.

Ce droit n'est pas perdu même lorsqu'il y a eu cohabitation plus ou moins prolongée après le baptême de l'un des conjoints, si l'infidèle persiste à ne pas se convertir ou refuse de cohabiter à l'avenir sans danger pour l'âme du néophyte.

2. Celui qui se serait converti de l'infidélité pour passer à l'hérésie dans laquelle il aurait été baptisé, pourrait-il user du privilège ?

Plusieurs auteurs l'affirment : mais en l'absence de toute décision formelle, la chose ne paraît pas assez certaine pour que, le cas échéant, il n'y eût obligation de recourir à Rome.

3. Quant au converti dont le baptême serait douteux, il ne pourrait user du privilège qu'après avoir été rebaptisé sous condition, puisque jusque là il ne peut être considéré comme vraiment chrétien.

4. A plus forte raison, le *catéchumène*, quelque bien disposé qu'il soit, ne peut-il user du privilège avant d'avoir reçu le baptême; le premier lien continue donc à le retenir. (Prop. 16 janv. 1803.) [1]

§ 2. Il faut que le mariage ait été contracté dans l'infidélité

30. D'autre part, le privilège ne s'appliquant qu'au mariage contracté dans l'infidélité, il est manifeste :

1. Qu'il n'existe pas pour le *néophyte* qui s'est marié, *après son baptême*, avec un infidèle, moyennant dispense, quand même le conjoint resté infidèle viendrait à se séparer et à ne plus vouloir cohabiter pacifiquement. (S. Off. Coll. n. 1312, 1341, 1344.)[2]

2. Il n'existe pas non plus, a *fortiori*, lorsque l'un des époux mariés chrétiennement, vient à abandonner la religion et à embrasser un faux culte, l'islamisme, par exemple, et à se séparer du conjoint

---

[1] « Num verba divi Pauli (1. ad Corint. cap. VII, v. 15) intelligenda etiam sint de catechumenis, seu potius utrum Titius catechumenus possit ducere Bertham catechumenam, et a suo marito infideli propter religionem repudiatam ?

« R. Ad. 1. Negative, quia matrimonium non solvitur nisi per baptismum. »

[2] « Si conjugis conversio præcesserit matrimonium cum infideli prævia dispensatione Apostolica initum, nullo modo illo frui potest privilegio in favorem fidei concesso. » (Collect. n. 1344.)

resté chrétien. (S. Off. et Prop. Coll. n. 1280, 1281, 1282, etc.) [1]

3. Il ne peut pas s'appliquer non plus au cas où le mariage conclu dans l'infidélité étant *douteux*, le nouveau converti, une fois baptisé, a rendu cette union ferme, en renouvelant le consentement, après dispense obtenue de la *disparité des cultes*; ce mariage n'est plus dès lors une union conclue dans l'infidélité.

4. Par contre, il reste parfaitement applicable au cas où un *catéchumène* aurait contracté mariage avec un infidèle, avant son baptême, car cette union est bien un mariage conclu dans l'infidélité, quand même l'un des conjoints aurait manifesté l'intention d'embrasser la religion chrétienne et se serait fait instruire dans ce but, si en réalité il n'était point baptisé au moment du mariage conclu selon les usages du pays. (S. Off. Collect. n. 1344.) [2]

5. Il s'appliquerait même au cas où les deux conjoints auraient été catéchumènes ensemble, si, en fait, le mariage a été conclu avant le baptême de celui qui est devenu chrétien, tandis que l'autre, resté dans l'infidélité, ne voudrait plus ensuite cohabiter pacifiquement : c'est bien toujours un mariage conclu dans l'infidélité.

Dans tous ces cas il est supposé que les *conditions* requises pour user du privilège *existent* véritablement, car si ces conditions ne se vérifiaient pas, la

---

[1] » Conjuges fideles non posse ob alterius conjugis reditum ad infidelitatem aliud matrimonium contrahere cum alio fideli. » (n. 1280.)

[2] « Si vero matrimonium præcesserit conversionem, tunc pars conversa poterit uti eo privillegio, servatis servandis. (n. 1344.)

faculté de contracter un nouveau mariage ne pourrait plus être exercée, même par celui qui se trouverait dans une des situations qui, *en principe*, rendraient la chose possible.

C'est de ces conditions qu'il va être parlé maintenant.

Article III

A quelles conditions
quelqu'un peut-il user du privilège ?

§ 1. Première condition
Se trouver en situation d'en user

31. La *première condition* pour que quelqu'un puisse user du *privilège paulin*, est qu'il se trouve dans l'une des situations qui viennent d'être exposées comme rendant *possible,* du côté du *sujet,* l'usage de cette faveur.

§ 2. Seconde condition
L'autre conjoint
doit ne pas vouloir se convertir,
ni cohabiter pacifiquement

32. La *seconde condition* est que l'autre conjoint ne soit pas lui-même *converti, qu'interpellé* il *refuse* de se *convertir,* ou du moins de *cohabiter* pacifiquement.

a. Il faut que le conjoint dont se sépare le néophyte en contractant une nouvelle union, *soit encore infidèle*, au moment où le nouveau mariage est conclu.

Si, en effet, les deux époux légitimement unis dans l'infidélité se convertissent ensemble, il ne peut y avoir lieu de recourir à un privilège concédé uniquement en faveur de la foi. (Collect. n. 1354; S. Off. 20 juin 1866.) [1] Cela est vrai aussi bien dans le cas où les deux époux ont seulement l'intention de recevoir le baptême, que dans celui où ils l'ont déjà reçu. (S. Off. 11 juill 1866. Coll. n. 1353. ad VIII.)

De sorte que si celui des époux qui s'est converti le premier, n'a pas usé du privilège avant la conversion du second, les deux conjoints sont absolument tenus de revenir l'un à l'autre après le baptême du second. (S. Off. 18 mai 1892. Coll. n. 2185.) [2]

Toutefois il y a lieu de faire ici une distinction très importante au point de vue pratique, entre le cas où le conjoint du néophyte qui veut user du privilège serait déjà baptisé comme lui, et celui où il aurait seulement l'intention de se convertir.

1. Dans le *premier* cas, en effet (celui où l'autre conjoint est déjà baptisé), il ne peut jamais être loisible de recourir au privilège, que le baptême ait été reçu dans l'Église catholique, ou dans une secte hérétique quelconque, quand même il y aurait des

---

[1] « Nullum huic privilegio esse posse locum si ambo simul legitimi conjuges ad fidem convertentur. »

[2] « Ad. 2. Si instituto diligenti examine, matrimonium cum prima, quæ jam baptizata fuerit, validum inveniatur ad illam redire omnino tenetur. » (n. 2185.)

doutes *très sérieux* sur la validité de ce baptême.
(S. Off. 18 décembre 1872. Coll. n. 1300, in fine.)
Il en serait autrement si le baptême était certaine-
ment nul.

2. Dans le second cas, au contraire, (celui où
l'autre conjoint n'est pas encore baptisé et promet
seulement de se convertir), le privilège peut être invoqué, lorsque, tout en ayant la volonté de se convertir, le conjoint encore infidèle ne veut pas absolument cohabiter, ou se trouve dans des conditions
telles qu'il ne peut revenir au conjoint fidèle, sans
que celui-ci l'ait mis dans cette impossibilité depuis
son baptême. (S. Off. 22 nov. 1871; Coll. n. 1356
p. 478; 8 juillet 1891, Coll. n. 1362.)[1]

Cependant lorsque le conjoint encore infidèle, mais

---

[1] « Vir fidelis mulierem infidelem in ipsius viri infidelitate ducta habet, quæ quidem vult converti, sed nullo
modo cum eo habitare consentit. Quæritur. 1. An vir uti
privilegio paulino, et facta interpellatione de cohabitandi
voluntate, ad alias nuptias transire possit . . .

« R. Ad 1. Affirmative, dummodo uxor in infidelitate
permaneat. »

« 2. Mulier catechumena cujusdam fidelis, quam iste in
sua propria infidelitate duxit, ab eo per vim ablata est, ita
ut nulla spes eam redimendi vel recuperandi affulgeat.

Mulier quidem vult converti, et vellet quidem cum eo cohabitare, sed nec religionem colere, nec cohabitare potest.
Quærit. 1. An talis fidelis privilegio paulino uti possit, et
aliam uxorem ducere, ne scilicet cælebs manere cogatur.—

2. Si ipse ipsam vendidit, et nullo modo eam redimere
potest, an item privilegio uti possit. »

Ad 2 . . . Ad I. Quatenus prima uxor in infidelitate permaneat, permitti posse viro ut matrimonio cum secunda
muliere conjungatur. »

« Ad II. Quatenus uxorem vendiderit ante baptismum,
affirmative. » (n. 1362.)

désireux de se convertir, refuse de revenir à l'époux déjà converti, il faut, avant de permettre l'usage du privilège paulin, s'efforcer d'amener une réconciliation entre les conjoints, même en obligeant celui qui est déjà baptisé à donner à l'autre les satisfactions auxquelles il aurait droit.

Ce n'est qu'après avoir échoué dans ces tentatives de réconciliation que l'usage du privilège pourra être permis. (S. Off. 6 avril 1899. Can. Cont. 1899 p. 576.)

b.   Même lorsque l'autre conjoint est encore infidèle, il est *nécessaire*, avant d'user du privilège, que le néophyte l'interpelle pour savoir : s'il consent à se *convertir*, ou au moins à *cohabiter pacifiquement*. On verra plus loin en détail tout ce que qui concerne l'interpellation.

§ 3.   Troisième Condition

L'autre futur doit être chrétien

a. Nécessité de cette condition

33.   La *troisième condition* requise pour qu'il soit loisible d'user du privilège, est que le nouveau conjoint auquel s'unit le néophyte, en vertu de son droit de dissoudre le premier mariage, soit lui-même *chrétien*, c'est-à-dire déjà *baptisé* et non pas seulement *catéchumène*.

Cela résulte et de la nature du privilège concédé

en faveur de la foi, et de nombreuses décisions. (Coll. n. 1343, etc.)[1]

Est-il nécessaire que la personne à laquelle veut s'unir le néophyte usant du privilège paulin, soit non seulement chrétienne, c'est-à-dire *baptisée*, mais aussi *catholique?*

Les décisions des Cong. Romaines ne le disent pas expressément, bien qu'elles emploient assez souvent les termes de *fidèle* ou de *catholique* pour désigner la personne à laquelle pourra s'unir le néophyte faisant usage du privilège.

Quoiqu'il en soit, le mariage d'un néophyte faisant usage du privilège pour s'unir à une personne hérétique serait au moins *illicite*, s'il était contracté sans dispense, et on ne voit pas que le Saint-Siège accorde en pareil cas la dispense de l'empêchement de religion mixte.

On ne pourrait donc permettre une telle union avant d'en avoir référé à Rome, et si le mariage avait été déjà contracté dans ces conditions, il serait opportun de consulter même sur sa validité.

b. Dispense peut être accordée
pour qu'un néophyte usant du privilège
puisse s'unir à une personne infidèle

34. Si cependant de graves obstacles s'opposaient à ce que le néophyte qui désire user du privilège, s'unît à une personne déjà chrétienne ou ayant la

---

[1] « Si ... prima uxor conversionem ac baptismi susceptionem diutius differret, fas erit Episcopo, rei veritate bene perpensa, declarare integrum esse conjugi fideli ac baptizato ad alia vota, cum *persona tamen fideli*, convolare, sive cum secunda, si ad fidem convertatur, sive cum quacumque alia persona fideli. »

volonté de le devenir, le Souverain Pontife peut accorder, moyennant dispense de la *disparité de cultes*, qu'il contracte mariage avec une personne simplement catéchumène ou même avec une personne infidèle qui ne veut pas se convertir, mais qui consent à cohabiter pacifiquement, lorsque, bien entendu, le premier conjoint refuse de se convertir, ou de cohabiter comme il convient. (S. Off. 17 juillet 1850. Coll. 1340. etc.)[1]

c. Cette dispense n'est pas comprise dans les facultés ordinaires

35. Mais il faut bien remarquer que la dispense de la *disparité des cultes,* en cette circonstance *extraordinaire* où il s'agit de rompre le premier mariage contracté dans l'infidélité, ne peut être accordée par le Vicaire Apostolique en vertu de ses *facultés ordinaires*, et que, par conséquent, à moins de pouvoirs *spéciaux* qui ne sont pas toujours concédés, ou qui ne le sont que pour tel nombre de cas ou pour un temps déterminé, il est nécessaire de recourir chaque fois au Saint-Siège. (S. Off. Coll. n. 1344, p. 472, 1348, 1349, 1355, 1356, etc.)

Remarquons en passant que ce pouvoir extraordinaire n'est pas inclus dans les facultés de la feuille Z, le n° III ne concédant que le pouvoir ordinaire.

Il ne sera pas inutile de remarquer encore que l'indult concédant le pouvoir de dispenser peut fort

---

[1] « Posito quod interpellata prima uxor renuat vel converti, vel cohabitare sine contumelia Creatoris, si conversus gravibus de causis mulierem catholicam ducere nequeat, supplicandum Sanctissimo pro facultate dispensandi ad decennium ab impedimento disparitatis cultus. »

bien ne porter que sur les cas où le futur encore infidèle est cependant catéchumène, et exiger ce recours à Rome pour tous les cas où il serait encore absolument païen; ce dont il faut se rendre compte pour ne pas s'exposer à accorder des dispenses nulles et de nul effet.

Cependant, lorsqu'en fait la dispense a été accordée par le Vicaire Apostolique qui n'avait pas les pouvoirs *spéciaux* requis en ces circonstances, le S. Off. prescrit de laisser dans la bonne foi ceux qui en ont usé, bien qu'elle fût invalide. (15 sept. 1858. Collect. n. 1349. 29 août 1866, Coll. n. 1355.)[1]

d. Comment procéder en cas de doute

36. A noter ici, pour terminer ce qui vient d'être dit sur les conditions du privilège paulin, une importante décision du S. Office, du 19 avril 1899, portant que « dans les cas où il y a doute sur la faculté d'user du privilège, il faut toujours juger *en faveur de la foi.* » (Can. Cont. a. 1899, p. 429.)[2]

---

[1] « Si vero nulla ex his uxoribus christiana fieri velit, aut pacifice sine Creatoris contumelia cohabitare, Vic. Ap. potestne, virtute privilegii ordinarii dispensandi ab imparitate cultus, huic neophyto concedere ut, omnibus uxoribus relictis, aliam paganam ducat ? An requitur S. Sedis specialis facultas ut hæc dispensatio concedi valeat ?

« R. Vicarium Apost. non potuisse dispensare ab impedimento disparitatis cultus ; sed quoad matrimonia jam contracta sileat, et conjuges relinquantur in bona fide. In reliquis, recurrat in casibus particularibus. (S. Off. 15 sept. 1858. Collect. n. 1349.)

[2] « Mens est ut in dubiis judicium sit semper in fidei favorem. »

D'où il résulte que si la sauvegarde des intérêts spirituels du converti demande la séparation d'avec le conjoint *encore infidèle* auquel il s'était uni avant le baptême, qu'il y ait eu cohabitation après ou non, il faut, dans les cas où il y a doute sur l'application possible du privilège, conclure en sa faveur, et lui concéder la faculté de s'unir chrétiennement à une autre personne par un nouveau mariage.

CHAPITRE II

INTERPELLATION A FAIRE

AU CONJOINT INFIDÈLE

On a vu plus haut que le néophyte voulant user du droit à lui concédé par le *privilège paulin*, ne peut y recourir avant d'avoir *interpellé* le conjoint auquel il était légitimement uni avant son baptême et qui reste dans l'infidélité.

Il faut revenir en détail sur ce point dont la connaissance approfondie est indispensable à tous ceux qui ont à juger de l'application pratique de ce privilège. Quatre questions sont à résoudre pour cela

1. *Nécessité* de l'interpellation ;
2. Quel doit en être *l'objet* ;
3. De quelle *manière* elle doit être faite ;
4. Quels en sont les *effets*.

Article I

Nécessité de l'interpellation

§ 1. En général

a. Sa raison d'être

37. La nécessité de l'interpellation découle, d'une manière générale, des conditions requises pour qu'il soit loisible d'user du privilège paulin.

On ne peut, en effet, y recourir, d'après les paroles mêmes de la promulgation de ce privilège par S. Paul, sans qu'il y ait *départ* ou séparation voulue de la part du conjoint resté dans l'infidélité.

Or l'interpellation est le moyen naturel de s'assurer si oui ou non, le conjoint infidèle entend se séparer, ou si, au contraire, il entend rester avec le converti sans préjudice pour la foi de celui-ci ou pour sa vertu.

D'une manière générale, elle est donc une condition prérequise à l'usage du privilège paulin.

b. Nécessaire à la validité

38. Elle est tellement requise que l'union nouvelle contractée par un néophyte, après son baptême, sans avoir interpellé son premier conjoint resté dans l'infidélité, est *invalide* de plein droit, ainsi que l'ont plusieurs fois expressément déclaré les Congrégations romaines, quand même il aurait agi dans la bonne foi, et quand même l'interpellation aurait été inutile, ou moralement impossible.

Ainsi l'a décidé le S. Office le 20 juin 1858, (Coll. n. 1296)[1], et tout récemment encore le 17 janvier 1900, (Can. Cont. a. 1900, p. 349.) dans des circonstances où il était bien certain que le conjoint infidèle ne voulait ni se convertir, ni revenir au converti.

Ainsi l'avait décidé auparavant Grégoire XVI, lorsqu'en réponse à une consultation qui demandait la grâce de la *sanatio in radice,* au cas où l'interpellation omise serait nécessaire à la validité, ce pape accorde la ferveur sollicitée « et valide les unions dont il s'agit, comme si les interpellations avaient été faites. » (Collect. n. 1330. 17 janvier 1836.) [2]

§ 2.   Cette nécessité est-elle de droit divin ou de droit ecclésiastique ?

a.   Opinion de quelques théologiens

39. Plusieurs théologiens ont pensé que l'interpellation n'était requise de *droit divin* que dans les cas où on ne pouvait avoir d'une autre manière la certitude morale du « *discessus* » du conjoint encore infidèle.

---

[1] « 1. Quid sentiendum est de matrimonio dicti hominis cum puella christiana absque interpellatione et dispensatione contracto, et quid nunc agendum ?

« R. Ex deductis subsistere primum matrimonium; ideoque Vic. Apost. orator, prudentiori modo quo fieri potest, partes ad se vocare ad deducenda sua jura, et, si nihil in contrarium repererit, redire obliget ad primum conjugium. »

[2] « SS.mus, perpensis expositis, benigne matrimonia ut supra contracta... cum omissione interrogationum, prout in supplici libello exponitur, in radice sanat atque convalidat perinde ac si in matrimoniis contractis interpellationes factæ fuissent. »

De sorte que, d'après eux, s'il était constant par ailleurs que l'infidèle ne veut ni se convertir, ni cohabiter pacifiquement, le converti pourrait légitimement contracter une nouvelle union, sans la faire précéder de l'interpellation, et même sans avoir besoin pour cela d'aucune dispense. (*Voir Konings, Com. in facultates Apost. Edit. V, p. 200.*)

Cette opinion est basée sur la raison, que le droit divin exige l'interpellation uniquement pour faire disparaître tout doute sur la volonté de l'infidèle de se séparer de son conjoint converti, ou du moins de ne pas cohabiter pacifiquement avec lui.

Or, ce doute pouvant être parfaitement dissipé par les paroles ou par la conduite bien connues de l'infidèle, en dehors de toute interpellation proprement dite, celle-ci ne peut plus être exigée par le droit divin, qui n'a dès lors aucune raison d'intervenir.

b. Solution donnée par les Congrégations Romaines

40. Quoiqu'il en soit de la valeur théorique de cette opinion admise par un assez grand nombre d'auteurs, il est du moins bien certain qu'on ne peut s'en autoriser dans la pratique pour permettre un nouveau mariage au conjoint converti, sans aucune espèce d'interpellation ou sans dispense de celle-ci. Car, même en admettant qu'il soit encore loisible de soutenir que les décisions ou déclarations des Congrégations Romaines ne tranchent pas absolument la question *théorique*, lorsqu'elles affirment, ainsi qu'on le verra ci-dessous, que l'interpellation est imposée par un *précepte divin*, elles enseignent du moins de la façon la plus expresse que cette interpellation est *toujours* requise, sous peine de nullité de l'union qui aurait été contractée sans l'avoir faite, ou sans en avoir obtenu dispense du Souverain Pontife, à qui il appartient de *déclarer* en quelles circonstances cesse le *précepte* divin.

Ainsi, à la question posée : « L'interpellation qui doit être faite à l'effet de dissoudre le mariage en vertu du privilège en faveur de la foi.... est-elle de *droit divin*, et par conséquent d'une nécessité telle que, si on la néglige, il n'y ait absolument pas lieu de dissoudre le mariage; ou bien est-elle seulement requise pour qu'il soit *licite* de procéder judiciairement à cette dissolution, surtout lorsqu'on a, par ailleurs, des indices moralement certains que le conjoint infidèle ne veut ni se convertir, ni cohabiter pacifiquement ? » la Prop. répond, le 5 mars 1816:

« Dans le cas présenté il n'y a pas lieu de dissoudre le mariage contracté dans l'infidélité, à moins que l'interpellation n'ait précédé, ou qu'on en ait obtenu dispense du Siège Apostolique. » (Collect. n. 1323. Ad. 1.)

Le S. Office n'est pas moins explicite dans une réponse du 16 septembre 1824, où faisant siennes les paroles de Benoît XIV (de Syn. diœc. lib. 6. cap. 4, et lib. 13. cap. 21.), il prononce que « l'opinion dont il s'agit n'est pas suffisamment sûre en pratique, » et que « la dispense du Souverain Pontife, à qui il appartient de déclarer en quelles circonstances le *précepte divin* qui semble imposer cette interpellation cesse d'obliger, est nécessaire, même lorsqu'on ne sait où trouver le conjoint infidèle. » (Collect. n. 1328.) [1]

---

[1] « Missionarios enim latere non debet Benedictum XIV (*De Syn. diœc. lib. 6. cap. 4, et lid. 13. cap. 21.*) 1. non

Cette même doctrine est affirmée plus expressément encore dans une réponse du S. Office en date du 12 juin 1850, où il est dit : « Le converti dont il s'agit, est obligé, à moins de dispense du Saint-Siège, d'accomplir le *précepte divin* qui prescrit d'interpeller une fois le conjoint infidèle. Cette condition de *droit divin* une fois accomplie, si le conjoint infidèle n'est pas revenu au converti à l'époque fixée, celui-ci pourra licitement et validement contracter une nouvelle union avec une personne chrétienne, pourvu qu'il ne soit pas cause lui-même de l'obstacle qui empêche l'infidèle de revenir. » (Coll. n. 1339.)[1]

D'ailleurs, le nouveau mariage contracté sans interpellation préalable par le néophyte, étant toujours *invalide*, ainsi qu'on l'a vu plus haut, n. 38, il faut conclure, ou que l'interpellation est de droit divin,

---

satis tutam in praxi appellare opinionem illam, quæ ponit judicialem interpellationem omitti posse quoties aut fieri reipsa nequit, aut, si fieret, nullius utilitatis fore reputetur ; 2. ipsumque in ea esse sententia, quam et fuisse memorat sententiam S. C. Concili in quadam Florentina (17 januarii 1722), nimirum : etiam in casu quod conjux infidelis in longinquas abierit regiones aut ita latitet ut interpellari nequeat, adhuc opus esse dispensatione Summi Pontificis cujus est declarare in quibusnam circumstantiis desinat obligare *præceptum divinum* quo prædicta interpellatio videtur injuncta.

[1] « Conversum de quo agitur, si non est legitime ab Apostolica Sede dispensatus, teneri ex *divino præcepto* ad faciendam in præsenti casu una vice interpellationem alteri conjugi.... Expleta autem a converso hac *divinitus injuncta conditione*, si pagana uxor non redierit intra justum aliquod et rationabile temporis spatium, posse præfatum conversum, licite et valide alias inire nuptias cum muliere tamen christiana..... »

ou que du moins l'Église a fait, de l'omission de cette condition, une cause de *nullité* du mariage.

c. Conclusion

De sorte que, dans toute hypothèse, un converti ne pourra jamais contracter *validement* une nouvelle union sans interpellation, ou sans dispense légitime de celle-ci, « quand même elle serait inutile ou dangereuse, » (Collect. n. 1360)[1]; « quand même il serait très certain que l'infidèle ne veut pas revenir; » (Collect. n. 1323) ; quand même il ne le *pourrait pas*, d'après les lois civiles, après divorce public et légal. (ibid.) [2]

Konings semble insinuer, à l'endroit cité ci-dessus, que la validité du nouveau mariage serait seulement *en question*, et il cite à l'appui une Instruction de la Propagande de 1883, § 45.

Or cette instruction dit expressément dans le passage indiqué, que le second mariage serait invalide : « Quatenus vero neque interpellatio, neque

---

[1] « Quatenus vero saltem summarie et extrajudicialiter constet interpellationem vel impossibilem vel inutilem fore, utetur (Episcopus) facultate dispensandi si ea polleat.... » (S. Off. 18 juin 1884.)

[2] « 3. Utrum solemnis uxoris expulsio a marito facta, videlicet dando libellum repudii coram pagi primoribus juxta leges Regni, possit interpellationis locum tenere et pro ea reputari, cum certissime constet de istius mariti voluntate, illum nempe præfatam mulierem nullomodo in posterum uxorem velle habere....

« R. ad. 3. Faciendam esse interpellationem, etiam in casu de quo agitur, si fieri possit, aut recurrendum esse ad Sedem Apostolicam pro obtinenda dispensatione. (S. C. Prop. 5 mars 1816.)

ejusdem dispensatio præcesserit, primum matrimonium *obstabit quidem secundo.* (Coll. n. 1573. n. 45.)

Que si la S. C. ajoute immédiatement après : « Sed Ordinarius judicium suspendere debebit, et casum cum omnibus suis circumstantiis ad S. Sedem remittere, quæ ipsi Ordinario quid faciendum sit indicabit », ce n'est pas pour trancher la question de validité, puisqu'il ne peut y avoir de doute à ce sujet, mais parce que le Saint-Siège se réserve d'indiquer la ligne de conduite à suivre envers ces conjoints, illégitimement unis malgré leur bonne foi, dans une cause où l'appel en seconde instance s'impose d'ailleurs.

Article II

Sur quoi doit porter l'interpellation .

§ 1. En général

41. Régulièrement le conjoint infidèle doit être interpellé, et sur sa volonté de se *convertir*, et sur sa volonté de *cohabiter pacifiquement*, s'il refuse de se convertir.

Cette double question est toujours *obligatoire* lorsque le converti n'a qu'une femme à laquelle il était légitimement uni dans l'infidélité.

Il en est de même lorsque c'est la femme qui se convertit, si elle n'a été unie qu'à un seul homme, car en cela il faut juger de la même manière des deux conjoints infidèles. (S. Off. 28 mars 1860. Collect. n, 1297.) [1]

L'obligation de poser cette double question existe aussi *en soi* lorsque c'est un polygame qui se convertit et qui veut user du privilège, car le fait d'avoir pratiqué le polygamie ne peut évidemment pas dispenser de constater le « *discessus* » de l'infidèle, tel que l'exige la concession du privilège, et, par conséquent, de lui demander s'il veut se convertir, ou du moins cohabiter pacifiquement. (Voir Collect. n. 1323, 2 ; 1361, etc.)

§ 2. Concession spéciale aux polygames

a. En quoi consiste cette concession

42. Cependant le Saint-Siège a l'habitude d'accorder aux polygames qui se convertissent en même temps qu'une de leurs épouses *illégitimes*, la seconde ou la troisième, etc., la faculté de se borner à la première question, et de demander seulement à la première épouse, la seule légitime lorsqu'il y a eu un vrai mariage, *si elle veut se convertir*.

Si elle refuse de se convertir, le polygame baptisé pourra, en vertu de cette concession spéciale, s'unir à celle de ses autres femmes qui s'est convertie,

---

[1] « Infidelis vero si frui velit dicto privilegio post baptisma, si unam tantum eamque legitimam habuerit uxorem, eam interpellare tenetur :

1. an velit converti ; 2. An saltem cohabitare pacifice absque injuria Creatoris. Utrique aut alteri assentientem accipiet prout jura statuunt. Idipsum dicendum de muliere quæ converti vellet ; et in hoc ad paria judicantur conjuges infideles. (Collect. n. 1297.)

sans demander à la première si elle consentirait à la cohabitation pacifique. (S. Off. ibid. et 20 juin 1866. Collect. n. 1354, etc......) [1]

b. Qui peut l'accorder

43. Mais il faut bien remarquer que l'omission de cette seconde partie de l'interpellation, dans les circonstances dont il vient d'être parlé, n'est légitime que par faveur spéciale du Saint-Siège, qui accorde généralement aux chefs de missions la faculté de dispenser de la seconde question, par la formule suivante imprimée ordinairement sur les feuilles de pouvoirs :

« Dispenser les païens et les infidèles qui ont plusieurs épouses, pour que après leur conversion et leur baptême, ils puissent garder celle de leurs femmes qu'ils préféreront, pourvu qu'elle se fasse chrétienne, à moins que la première ne veuille se convertir [2]. »

Si donc on n'avait pas cette faculté de dispenser le

---

[1] « Sed pro polygamis infidelibus specialis concessio facta fuit in favorem fidei, nimirum quod illa interpellatio fieri debet quoad primam partem, scilicet *an velit converti* tantum. Renuente prima uxore poterit quamlibet ex aliis eligere, dummodo et illa fidelis fiat, renovato consensu. (ibidem.)

[2] « Hisce enim verbis exprimitur præfata facultas missionariis elargita : « dispensandi cum gentilibus et infidelibus plures uxores habentibus ut post conversionem et baptismum, quam ex illis maluerint, si etiam ipsa fidelis fiat, retinere possint, nisi prima voluerit converti. » (S. Off. 28 mart. 1860. Collect. n. 1297.)

polygame converti de la seconde partie de l'interpellation, il faudrait exiger qu'il interpelle aussi son épouse légitime sur sa volonté de cohabiter pacifiquement.

Cette faculté de dispenser qui manque sur la feuille Z, se trouve au contraire sur la feuille I.

c.　A qui peut-elle être accordée

44. Il faut remarquer en outre que cette concession spéciale est faite seulement au polygame converti et baptisé qui veut s'unir à une de *ses* femmes autre que la première, mais convertie comme lui.

De sorte que le pouvoir de dispenser dont il est ici question ne peut s'exercer : ni dans le cas où la femme choisie par le polygame parmi ses épouses ne serait pas convertie, ni dans celui où la femme choisie, quoique chrétienne, ne serait pas une de ses épouses et ne l'aurait jamais été.

Toutefois il faut entendre ici par polygame celui qui a au moins *deux* épouses, qu'il les ait actuellement, ou qu'il les ait eues successivement, pourvu que toutes les deux soient encore en vie au moment de sa conversion. (14 janvier 1806. Coll. n. 1321.)

Il n'est peut-être pas inutile de remarquer qu'il n'est question ici que du polygame qui se convertit de l'infidélité, et nullement du polygame qui se convertirait de l'hérésie, et qui étant hérétique, aurait contracté mariage avec plusieurs femmes de sa secte ou hérétiques comme lui. Comme ce dernier ne peut, en pareille hypothèse, recourir au privilège paulin, il est obligé de rester avec sa première femme.

Si cette première femme était encore païenne, le mariage avec elle étant nul en raison de la disparité des cultes, le converti pourrait choisir l'une de ses concubines hérétiques, si toutefois la seconde ou une autre n'était pas sa légitime épouse. (S. Office 28 mars 1860.)

d. Elle est accordée à la femme aussi bien qu'à l'homme

45. La faculté de dispenser de la seconde partie de l'interpellation telle qu'elle est généralement concédée dans les formules de pouvoirs, ne parle que du polygame, c'est-à-dire du mari qui a, ou a eu plusieures femmes encore vivantes.

S'applique-t-elle aussi au cas de *polyandrie*, c'est-à-dire au cas où une femme qui se convertit a actuellement, ou a eu successivement plusieurs époux encore vivants au moment de sa conversion, et dont le second ou le troisième, etc..., se convertit en même temps qu'elle?

Interrogée à ce sujet, la S. C. de la Propagande a répondu *affirmativement*, le 16 janv. 1797. (Coll. n. 1317); le S. Office a répondu de même le 12 juin 1850, (Collect. n. 1339), de sorte qu'il ne peut plus y avoir de doute sur ce point [1].

Il est à peine besoin d'observer que le catéchumène, homme ou femme, qui serait séparé de son

---

[1] « Sæpius evenit ut mulier quæ habuerit plures successive viros convertatur. Quæritur ergo utrum locus esse possit dispensationi, quatenus illa retineat quem maluerit ex istis, modo fidelis fiat, si primus noluerit converti ?.....

« Ad 2. Locum esse dispensationi tam pro hominibus quam pro feminis. Post baptismum vero partis infidelis necessariam esse consensus renovationem explicitam..... » (Collect. n. 1339.)

légitime conjoint et vivrait avec une autre personne devrait éloigner cette dernière avant son baptême, quand même ce serait la personne avec laquelle il désire s'unir en usant du privilège paulin, et qui est disposée à se convertir avec lui.

La cohabitation avec cette personne ne peut, en aucun cas, être continuée, quand même il y aurait bonne foi, jusqu'à ce que toutes les conditions requises pour l'usage du privilège soient accomplies.

Si le catéchumène ne consentait pas à cette séparation nécessaire, le baptême devrait lui être refusé[1].

Article III

Manière de faire l'interpellation

§ 1. Règles générales

46. Dans une instruction du S. Off. du 20 juin 1883, il est prescrit de noter toujours dans le *Livre* des mariages et dans les registres de la curie épiscopale, si l'interpellation a eu lieu, ou s'il en a été accordé dispense.

---

[1] « Quæritur si iste infidelis qui bona fide non habitet cum prima sed cum una ex secundariis, ab ea separandus sit ante baptismum, et admonendus de necessitate interpellendæ primæ uxoris; vel utrum hæc admonitio et separatio differi possint usque post baptismum ? Ratio dilationis admonitionis esset quia in tali casu si statim imponeretur obligatio separationis, pariter spes conversionis evanesceret ; quod si in bona fide relinqui possent, forsan utraque anima salvari posset. »

« R. Ad 5. Affirmative ad 1am partem ; negative ad 2am » (29 novembre 1882. Collect. n. 1358.)

Cette même prescription est renouvelée dans les
mêmes termes et la même année par la Propagande,
cela dans le but de pouvoir fournir la preuve que
tout s'est passé régulièrement, au cas où dans l'avenir
des contestations s'élèveraient à ce sujet [1].

L'interpellation doit donc être faite de telle manière que le missionnaire ne puisse conserver aucun
doute sur l'accomplissement de cette condition *indispensable* à l'usage du privilège paulin.

Il ne pourrait, en effet, permettre sans faute grave
le nouveau mariage, s'il n'avait l'assurance que l'interpellation a été régulièrement faite, puisque sans
cela il s'exposerait au danger manifeste de laisser
conclure une union *illégitime*, qu'il a le grave devoir
d'empêcher.

Or, l'interpellation peut être faite ou *juridiquement*, ou d'une manière *privée*.

§ 2.   Interpellation juridique

a.   Interpellation juridique proprement dite

47.   L'interpellation *juridique* et vraiment *canonique* exige au moins l'observation des règles prescrites pour ce qu'on appelle, en droit canon, le *procès
sommaire*.

a.   Or, il faut pour cela :

1.   Que le *converti* cite par avertissement écrit
la partie infidèle devant l'*Évêque* ou *son délégué*
comme *juge ecclésiastique*, pour qu'elle réponde
devant lui aux questions à poser;

---

[1] « Ad probandum vero utrum interpellatio vel ejus dispensatio intercesserit, consulendi erunt libri matrimonio-
rum, vel etiam regesta curiæ, in quibus hæc accurate erunt
semper recensenda. » (Coll. n. 1573.)

2. La citation doit renfermer les noms de celui qui cite, du cité et du juge, ainsi que l'énoncé sommaire de la cause, la désignation du lieu où le jugement doit être prononcé, et le terme au delà duquel la comparution ne doit pas être retardée ;

3. Le moment venu, le juge interroge la partie infidèle devant deux *témoins* assermentés à cet effet, et prononce ensuite la sentence selon la réponse obtenue ;

4. *Acte* est enfin dressé de l'interpellation et de ses résultats, et signé par le juge et par les témoins : cet acte doit être conservé dans les archives afin de prévenir les démêlés futurs.

b. Interpellation juridique moins solennelle

48. L'interpellation conserverait encore son caractère juridique et canonique :

1. Si le converti interrogeait, soit personnellement, soit par un mandataire, la partie infidèle, devant deux témoins dignes de foi, en présence desquels celle-ci donnerait sa réponse mûrement délibérée, et comparaissait ensuite devant l'*Évêque* ou *son délégué* avec ses deux témoins ; le juge, après avoir exigé le serment et du converti et des deux témoins, et les avoir examinés avec soin, pourra considérer la preuve comme faite et prononcer la sentence.

2. Il en serait encore de même, si la partie infidèle témoignait, par un écrit fait en présence de trois témoins et adressé au conjoint fidèle, de sa volonté relativement à la cohabitation et à la conversion[1]

---

[1] « Voir Konings. *Comment. in Facult. Apost.*. à qui ces détails sont empruntés. (p. 202 et suiv.)

§ 3.   Interpellation privée

a. Sa légitimité

49. Bien que régulièrement l'interpellation doive être faite *juridiquement*, lorsque l'Évêque s'est réservé les causes qui ont trait au privilège Paulin, il est admis, en vertu de la *pratique commune*, et pour un motif sérieux, qu'elle peut être faite d'une manière *privée*, soit par le néophyte lui-même, soit par une personne interposée digne de confiance, et cela de vive voix ou par écrit.

Les témoins ne sont pas rigoureusement exigés pour la validité de cette interpellation privée, mais la prudence demandera ordinairement que, pour éviter le danger d'être trompé en matière si importante, surtout dans les pays où l'habitude du mensonge doit inspirer de légitimes suspicions, le missionnaire ne tienne pour régulièrement faite que l'interpellation accomplie devant témoins dignes de foi, et autant que possible devant un confrère, s'il s'en trouve dans le pays habité par l'infidèle. (Coll. n. 1311, ad 4 et 5.)

b. Comment doit-elle être faite

50. Lorsque l'interpellation a lieu d'une manière *privée*, le missionnaire doit apporter une attention toute particulière à ce que les questions à faire à l'interpellé soient posées avec une précision telle, qu'on ne puisse douter ensuite du sens de la réponse donnée. Ainsi :

1. Il ne suffirait pas de demander à l'infidèle s'il veut se convertir, sans faire aucune allusion au mariage précédemment contracté, à moins qu'il ne s'agisse d'un polygame à qui a été accordée dispense de la seconde partie de l'interpellation ;

2. Il ne suffirait pas non plus de demander à l'interpellé s'il consent à cohabiter pacifiquement avec le conjoint fidèle sans lui parler de la conversion. (Collect. n. 1330.)

Cependant, en raison de circonstances particulières de temps et de lieu, le S. Office a tenu pour suffisante une interpellation faite en ces termes:

« Visne ut ad te redeam ? seu visne me iterum ut tuam uxorem habere et recipere ? », à laquelle l'interpellé avait répondu : « Non, i quo volueris [1]. »

Pour éviter à ce sujet toute difficulté, il est nécessaire de bien instruire le fidèle ou son mandataire sur la manière de poser la question, et de tenir à ce qu'elle soit présentée en termes qui ne prêtent pas à équivoque.

c. Réponse de l'interpellé

51. Il faut également peser avec soin la réponse faite par l'interpellé ; s'assurer qu'il a compris ce sur quoi il était interrogé, et que, par conséquent, son refus ou de se convertir, ou de cohabiter, selon les cas, lorsque la réponse a été négative, est bien explicite et formulé en termes qui ne laissent pas de doute sérieux sur sa volonté [2].

Toutefois, il n'est pas nécessaire que le refus de

---

[1] « R. Attentis locorum et temporum circumstantiis, non esse inquietandos, et arbitrio et prudentiæ V. A. remitti.

[2] « Voir Konings, *ouvrage* cité, p. 205.

l'infidèle de se convertir ou de cohabiter pacifiquement, refus suffisamment manifesté, soit basé sur la haine qu'il aurait pour la religion ; il suffit qu'il refuse, qu'elle qu'en soit la cause, pourvu que le converti ne lui ait pas donné, depuis son baptême, de justes motifs de se séparer de lui [1].

Le refus aurait encore son plein effet, même dans le cas où l'infidèle le motiverait sur les vices ou les crimes commis dans l'infidélité par son conjoint devenu chrétien, car le baptême ayant tout effacé, le nouveau converti ne peut pas perdre, en raison de ses fautes antérieures, le droit au privilège que lui confère le baptême [2].

Il le conserverait encore dans le cas où les mêmes fautes auraient suivi le baptême, si elles n'étaient pour rien dans le *discessus* de l'infidèle.

Interrogé à ce sujet, le S. Office répond le 19 avr. 1899, en renvoyant aux deux dernières décisions citées, maintenant ainsi qu'elles ont leur application même dans le cas où les fautes sont subséquentes au baptême. (Can. Cont. a. 1899 p. 429.)

---

[1] « 2. An privilegium locum habeat solum quando infidelis discedit odio fidei, an etiam quando discedit propter discordias vel aliam causam a fide diversam ?

« Ad 2. Cum militet ex parte conjugis conversi favor fidei, eo potest uti quacunque ex causa, dummodo justa sit, nimirum si non dederit justum ac rationabile motivum alteri conjugi discedendi. » (S. Off. 5. Aug. 1759. Collect. n. 1312.)

[2] Interrogée si l'adultère commis avant le baptême et ayant amené le divorce permettait quand même l'usage du privilège, la Propagande a répondu : « affirmative, præmissa interpellatione, nullaque præterea habita ratione utrum necne præcesserit sive adulterium sive repudium, quoniam adulterii macula præcedens, per conversionem et baptismum sublata censenda erat. » (30 jan. 1807. Coll. n. 1322.)

Article IV

Quand l'interpellation doit-elle être faite

§ 1. Elle doit-être faite après le baptême

52. L'interpellation doit être faite seulement après la conversion et le baptême, c'est-à-dire par un converti déjà *chrétien*, et non par un *catéchumène* quelque bien disposé qu'il soit.

Faite par celui-ci avant son baptême, elle serait non seulement *illicite*, mais aussi *invalide* et de nul effet, comme il ressort de plusieurs décisions des C. Romaines.

Le 13 avril 1859, le S. Office déclare : « que l'interpellation doit être faite après le baptême, et que dans les cas plus difficiles le V. Apostolique doit recourir au S. Siège, en relatant toutes les circonstances du fait. » (Collect. n. 1350.)

Le 10 décembre 1876, on supplie le Saint-Père qu'il daigne revalider *in radice* les mariages contractés par erreur d'une manière invalide, soit parce que l'interpellation avait été faite avant le baptême, soit parce que dispense de celle-ci avait été accordée également avant le baptême. Pie IX accueille la supplique avec bienveillance et daigne accorder la sanation *in radice* demandée [1].

---

[1] « Vic. Apost. N. suppliciter postulat ut S. V. sanare dignetur in radice omnia matrimonia quæ in prædicto sūo vicariatu fuerunt ex errore invalide contracta propter interpellationem conjugis infidelis factam, aut dispensationem

Or, la sanation *in radice* suppose évidemment la nullité du mariage auquel elle est appliquée.

D'où il résulte que l'interpellation faite avant le baptême est invalide et ne produit aucun effet.

Il en résulte encore que la dispense de l'interpellation accordée avant le baptême par un Vicaire Apostolique, sans une concession *spéciale* du Souverain Pontife pour ces sortes de cas, est également invalide.

§ 2. Elle peut être faite
par un catéchumène moyennant dispense

53. Cependant, pour de graves raisons, le Souverain Pontife concède quelquefois aux Vicaires Apostoliques, généralement pour un nombre de cas déterminés, la faculté de permettre que l'interpellation soit validement faite avant le baptême, ou d'en accorder dispense totale également avant le baptême. (Collect. Miss. n. 960.)

Mais, il ne faut pas oublier que c'est là une concession spéciale non comprise dans les feuilles de pouvoirs ordinaires des Vicaires Apostoliques.

Il faut remarquer en outre, que lorsque dispense a été légitimement accordée pour que l'interpellation puisse se faire avant le baptême, ou lorsque avant celui-ci dispense est accordée de l'interpellation elle-même, le nouveau mariage ne peut cependant

interpellationis concessam ante baptismum partis fidelis. SS. D. N. Pius D. P. pp. IX, porrectis precibus annuens, prædicta matrimonia benigne sanare dignatus est in radice. » (Collect. Miss. n. 959.)

avoir lieu qu'*après le baptême* du catéchumène auquel cette dispense a été concédée [1].

Il n'y a, en effet, que le chrétien baptisé à pouvoir user du privilège en faveur de la foi, ainsi qu'on l'a vu plus haut, n. 29.

Article V

Résultats de l'interpellation

54. Le conjoint infidèle régulièrement interpellé peut répondre de quatre manières différentes :

1. Ou il refuse à la fois de se convertir et de cohabiter pacifiquement;

2. Ou tout en consentant à se convertir, il refuse absolument la cohabitation;

3. Ou il veut bien de la cohabitation pacifique mais en refusant de se convertir;

4. Ou enfin il consent à la fois à la conversion et à la cohabitation.

L'examen de ces quatre situations montrera jusqu'où va, de ce chef, le droit de l'époux baptisé relativement au *privilège paulin*, après interpellation de son conjoint.

Mais on comprendra mieux l'étendue de ce droit si on définit auparavant ce qu'il faut entendre par la cohabitation *pacifique* ou *sans outrage pour Dieu*.

---

[1] Voici ce que dit le S. Office au sujet de cette dispense : « Unde in tali necessitatis casu ac rarissime, exarato prius processu summario, quo pro omni futuro tempore appareat illa necessitas, concessa dispensatione ab eo qui tali pollet facultate, atque *baptizato catechumeno,* permittas ut etiam is transire valeat ad alias nuptias cum persona tamen catholica. » (3 juin 1874. Collect. n. 1357.)

§ 1. En quoi consiste l'outrage de Dieu
à écarter

55. L'*outrage de Dieu* résultant de la cohabitation du conjoint converti avec celui qui reste dans l'infidélité, est :

1. Toute faute grave à laquelle le conjoint resté infidèle voudrait entraîner le conjoint fidèle, spécialement les fautes contre la chasteté conjugale; (Coll. n. 1323.)

2. Les entraves qu'il lui susciterait pour l'empêcher de pratiquer la religion chrétienne;

3. Les efforts tentés par lui pour entraîner le fidèle à l'apostasie, surtout s'il y employait les coups, la privation de nourriture ou tous autres mauvais traitements;

4. L'opposition qu'il mettrait au baptême ou à l'éducation des enfants;

5. Son refus de se séparer de toute concubine;

6. Ses blasphèmes contre Dieu, contre N.-S. Jésus-Christ, ou ses outrages à la religion chrétienne; (Coll. 1353, passim.)

Dans tous ces cas le conjoint fidèle a non seulement le *droit*, mais souvent le *devoir* de se séparer de l'infidèle, et il est libre, si rien ne s'y oppose par ailleurs, d'user du privilège paulin. (ibid.)

Mais il faut bien remarquer que cet outrage du Créateur ne donne droit à user du privilège que lorsqu'il provient du conjoint infidèle lui-même. S'il provenait d'autres membres de la famille, le conjoint fidèle pourrait se mettre à couvert de leurs sollicitations au mal en abandonnant la maison, mais le mariage resterait ferme, et il n'y aurait pas liberté pour lui d'user du privilège[1].

§ 2. Diverses réponses du conjoint interpellé

56. Donc : 1. Si le conjoint infidèle interpellé *refuse* à la fois de *se convertir* et de *cohabiter pacifiquement*, nul doute que le conjoint baptisé ne puisse user à son gré de la faculté de contracter une nouvelle union chrétienne : c'est en effet le cas où le *discessus* demandé pour l'usage du privilège est le plus clairement constaté. (11 juillet 1666. ad 2.)

2. Si, tout en consentant à se convertir, le conjoint encore infidèle refuse absolument la *cohabitation*, le fidèle est encore libre d'user du privilège, ainsi qu'on l'a vu n. 23.

Si la conversion était un fait accompli, il n'y aurait plus liberté d'user du privilège.

Si le conjoint interpellé répondait qu'il veut bien *se convertir* et même *cohabiter*, mais refusait de s'engager à éviter tout outrage du Créateur, cette réponse contradictoire devrait être interprêtée comme un refus de continuer à vivre avec le conjoint fidèle, qui pourrait, dans ce cas, user de sa liberté.

3. Si, tout en refusant de se convertir, le conjoint infidèle promet sincèrement la cohabitation pacifique, le fidèle ne peut régulièrement user du privi-

---

[1] « Quod si pertractio mulieris conversæ ad peccatum mortale non proveniat ab ejus viro infideli, sed ab aliis qui in ejus domo habitant, socero, exempli gratia, vel socru, posse mulierem fidelem, ubi alia media non suppetant, se subducere ab ea domo, ubi ad graviter peccandum pertrahitur ; non vero posse matrimonium dissolvere et ad aliud transire. » (5 mars 1816. Coll. n. 1323, ad 6.)

lège, et à moins qu'il ne préfère garder la continence,
il doit retourner avec le conjoint infidèle.

Exception doit toutefois être faite pour le cas exposé plus haut où le polygame a été dispensé de la
seconde partie de l'interpellation.

Mais, si la cohabitation cesse d'être pacifique, le
fidèle reprend ses droits, ainsi qu'il a été dit n. 20.

Bien plus, si avant de reprendre la cohabitation
après son baptême, il est constant que par son retour au conjoint infidèle, le néophyte sera exposé à
de graves dangers de perversion et de péché, le
Supérieur ecclésiastique peut, et doit même quelquefois, lui interdire la cohabitation et lui permettre
de contracter un nouveau mariage [1].

4. Enfin, si le conjoint infidèle *consent* à la fois à
se *convertir* et à *cohabiter pacifiquement*, il est
bien évident que le fidèle ne peut user du privilège,
au moins dans les circonstances ordinaires, car il
n'y a plus là, en aucune façon, le *départ* demandé
par S. Paul pour qu'il y ait lieu d'invoquer le droit
à une nouvelle union.

Si cependant il était manifeste que le conjoint infidèle n'est pas sincère lorsqu'il promet la conversion et la cohabitation pacifique, mais qu'il ne fait
extérieurement cette promesse que pour trahir ensuite le conjoint converti, le juge ecclésiastique

---

[1] « Licet infidelis, facta interpellatione, sine Creatoris
contumelia se cohabitaturum polliceatur, pertinere ad Episcopum, ipsius onerata conscientia, ut omni adhibita diligentia et perpensis singulorum casuum circumstantiis et
moribus regionum, judicet utrum parti ad fidem conversæ
permittenda sit cohabitatio, juxta ea quæ traduntur a sa :
me : Bened. XIV : *De Syn. dioces.* lib. XIII c. 21 n. 1. (S.
Off. 7 Aug. 1891. Collect. n. 2183.)

pourrait interdire la cohabitation, et même permettre une nouvelle union chrétienne. (Collect. n. 2183.)

§ 3. Cas où la cohabitation est impossible
a. Impossibilité physique

57. Toutefois il y a lieu d'ajouter à ce qui précède quelques remarques importantes pour la pratique.

Si le conjoint infidèle, malgré sa volonté de se convertir et de cohabiter pacifiquement, se trouve placé dans une situation telle qu'il ne puisse réaliser ce désir, par exemple s'il est esclave sans espoir de retour, et sans que le conjoint fidèle puisse rien faire pour le délivrer, le converti pourra user du privilège, ainsi qu'il a été dit plus haut, n. 32, d'après les décisons du S. Office.

Il aurait encore la faculté d'user du privilège, dans le cas où il aurait lui-même vendu l'autre conjoint, si cependant cette vente avait eu lieu avant son baptême. (ibid.)

b. Impossibilité morale

58. L'impossibilité *morale* de cohabiter peut être, elle aussi, au moins en certains cas à soumettre à l'autorité Pontificale, une raison suffisante de recourir au privilège, ainsi qu'il résulte de la concession faite tout récemment à un néophyte du Tanganika.

Uni avant son baptême à une personne qu'il a découvert ensuite être épileptique, cet homme encore catéchumène, l'a renvoyée pour ne plus la reprendre, selon les usages du pays en pareil cas. Après son baptême, qu'il a reçu en se croyant parfaitement en règle et sans même parler du divorce qui avait précédé, il éprouve une répugnance invincible à reprendre la personne renvoyée, et comme, d'autre part, il ne se croit pas capable de vivre longtemps dans la continence, il sollicite du Saint-Père la faveur de la rupture du mariage contracté dans l'infidélité, mais non consommé depuis son baptême.

Il y a d'ailleurs toute raison de croire que la personne renvoyée consentirait volontiers au baptême et à la cohabitation.

Au lieu de concéder la dispense du mariage *non consommé* depuis le baptême, le S. Office répond « qu'il faut solliciter du Saint-Père dispense de l'interpellation, » (18 décembre 1901), jugeant ainsi que le privilège paulin trouvait son application dans ce cas.

Le Souverain Pontife a approuvé cette décision deux jours après et accordé dispense de l'interpellation. Il y aura lieu de revenir plus loin sur cette décision importante.

§ 4. Si l'infidèle tarde trop à se convertir, après avoir promis la cohabitation pacifique

59. Comme il y a toujours présomption de danger pour le nouveau converti dans la cohabitation continuée avec l'infidèle, le néophyte recouvrerait son droit à user du privilège au cas où l'infidèle, après avoir promis de se convertir, différerait trop longtemps de réaliser cette promesse.

Après s'être assuré exactement du fait, le supérieur ecclésiastique pourra donc déclarer que le converti est libre de s'unir à un fidèle par un nouveau mariage et de se séparer ainsi de l'infidèle.

Quant au temps que doit durer l'épreuve, il ne peut être fixé absolument à l'avance; tout dépend et de l'espoir qu'on a de la conversion prochaine de l'infidèle, et du danger que pourrait courir le fidèle si la cohabitation se prolongeait. (S. Off. 29 nov. 1882. Collect. n. 1358, ad 3.)[1]

§ 5. Le délai annule-t-il l'effet de l'interpellation

a. Si l'infidèle ne se convertit pas

60. L'interpellation une fois faite, et l'interpellé infidèle ayant refusé de se convertir ou de cohabiter pacifiquement, le néophyte est désormais libre d'user du privilège Paulin, quand il le voudra, c'est-à-dire qu'il peut, à son gré, contracter tout de suite une nouvelle union chrétienne, ou attendre à plus tard.

---

[1] « Si vero differat conversionem suam, neque tamen jam baptizato conjugi perniciosus existat,.... tunc et expectandum adhuc esse per semestre tempus, et assidue interim de sua conversione admonendum..... transacto sex mensium spatio, res ad episcopum deferatur, qui bene perspecta causa, fideli declaret, copiam esse aliud matrimonium ineundi propter fidei aut caritatis scandalum, quod patiatur. Quod si nullum esse periculum in cohabitationem viderit, jubeat spectare infidelem, vel etiam consulat cohabitare, si prodesse intelligit juxta Pauli Apostoli consilium. Neque enim potest omnibus conversis eadem regula præfigi, cum occurrant profecto variæ circumstantiæ, neque sit omnium infidelium eadem ratio. » (Décret du Concile de Lima imposé comme régle par le S. Office en réponse à une question posée par le Vicaire Apost. de la Mongolie.)

Dans le cas où il différerait, même un temps considérable, de contracter un nouveau mariage, il n'est nullement tenu de recourir à une seconde interpellation lorsqu'il voudra le conclure, car l'effet de la première subsiste toujours : il peut interpeller plusieurs fois par *charité* pour son premier conjoint infidèle, mais il n'y est pas obligé. (Collect. n. 1389. n. 1326.) [1]

b. Si l'infidèle se convertit

61. Toutefois, si le conjoint infidèle venait à se convertir et à recevoir le baptême avant que le néophyte eût usé du privilège, celui-ci ne pourrait plus conclure un nouveau mariage, malgré la validité de l'interpellation précédemment faite, parce que les anciens liens subsistant toujours, la conversion du conjoint resté dans l'infidélité les rend définitivement stables.

Il faudrait donc, dans ce cas, pour qu'un nouveau mariage devienne licite, que le Souverain Pontife accorde dispense du mariage conclu dans l'infidélité et non consommé après le baptême, pouvoir que beaucoup d'auteurs lui reconnaissent, mais de l'exercice duquel on ne trouve pas d'exemples certains dans les Collectanea, ainsi qu'on le verra plus loin.

---

[1] « Utrum dilato ex parte fidelis per notabile tempus matrimonio post interpellationem factam..... nova interpellatio..... necessaria sit ?

« R. Negative, quatenus fuerit facta interpellatio. » (Prop. 26 juin 1820. n. 1326.)

CHAPITRE III

DISPENSE DE L'INTERPELLATION

Article I

Qui peut l'accorder

62. Dans le cas où il est avéré que l'interpellation est moralement impossible ou inutile, le Souverain Pontife en accorde généralement dispense.

Pour supprimer les longs retards nécessités par le recours à Rome pour chaque cas, il concède même aux chefs de missions le pouvoir de dispenser en son nom, soit pour un nombre de cas déterminés, soit pour la généralité des cas appelés *ordinaires*, soit enfin pour tous les cas appelés *extraordinaires*, ou au moins pour un certain nombre d'entre eux.

Il appartient à chacun des Vicaires Apostoliques de se rendre exactement compte de l'étendue des pouvoirs à lui concédés, d'après la teneur de ses Indults.

Il s'agit ici de la dispense *totale* de l'interpellation, et non de la dispense *partielle* de la seconde question de l'interpellation, dont il a été parlé déjà, et qui est accordée aux polygames convertis dans les circonstances indiquées. (Voir n. 42 et suiv.)

· Ces observations préliminaires faites, il reste à traiter :

1. Des *raisons* qui légitiment la dispense de l'interpellation ;

2. De la *manière de procéder* pour sa concession ;

3. Des effets qu'elle produit.

Article II

Raisons qui légitiment
la dispense de l'interpellation

63. Pour bien se rendre compte des raisons qui légitiment la dispense, il faut d'abord se faire une idée exacte de la distinction entre cas *ordinaires* et cas *extraordinaires*, car cette distinction est basée précisément sur la nature des raisons qui peuvent militer en sa faveur.

Or, dans une réponse du 29 novembre 1882, le S. Office appelle cas *ordinaires* ceux dans lesquels un examen au moins sommaire et extrajudiciaire permet de constater : ou qu'il y a impossibilité de faire l'interpellation, ou que le conjoint infidèle a refusé d'y répondre au temps fixé.

Il range, au contraire, parmi les cas *extraordinaires*, ceux où il est bien possible de s'aboucher avec le conjoint resté dans l'infidélité, mais non sans danger grave et évident pour le nouveau converti lui-même ou pour les autres chrétiens [1].

---

[1] « Primus quidem, (ordinarius) ut ex verbis ipsis indulti patet tunc evenit quando scilicet adhibitis antea omnibus diligentiis, etiam per publicas ephemerides, ad reperiendum locum ubi conjux infidelis habitet, iisque in irritum cessis, constet saltem summarie et extrajudicialiter conjugem absentem moneri legitime non posse, aut moni-

§ 1. Causes ordinaires

D'après ce principe, les causes ordinaires de dispense sont donc : ou l'impossibilité du fait de l'interpellation, ou le manque de réponse à l'interpellation faite.

a. En cas d'impossibilité

64.   Or le fait de l'interpellation est *impossible* :
1.   Si l'on ignore, après enquête, à *qui* elle doit
être adressée, comme cela aurait lieu pour le polygame converti qui ne saurait absolument plus quelle
a été sa première épouse ; (Collect.n. 1305.)
2.   Si après recherches sérieuses, on n'a pas pu
découvrir le lieu où se trouve le conjoint infidèle ;
3.   Si tout en connaissant le lieu où se trouve
l'infidèle, on ne peut lui faire parvenir l'interpellation, même par messager, en raison de la barbarie
des habitants de la contrée, ou encore si la distance
est trop considérable [1] ;
4.   Si le conjoint encore infidèle n'est pas susceptible d'interpellation, par suite de la folie perpétuelle dont il serait atteint ; (Collect. 1316. ad 1.)

---

tum infra tempus in monitione præfixum, suam voluntatem non significasse ; alter (extraordinarius) quando adiri
quidem potest conjux infidelis, sed de comparte facta
christiana interpellari nequit sine evidenti gravis damni ei
vel christianis inferendi periculo. » (Collect. n. 1358.)

Les cas ordinaires sont définis de la même manière dans
une réponse du 16 août 1895. (Can. Cont. année 1897. p. 28.)

[1] « ..... Vel quia interdum ad hostiles et barbaras pro-
vincias ne nuntiis quidem aditus pateat, vel quia ignorent
prorsus in quas regiones fuerint transvecti, vel quia ipsa
itineris longitudo magnam afferat difficultatem. » (Const.
Gregorii XIII. 1585. Collect. n. 1307.)

5. Si la mort du conjoint infidèle est moralement certaine, après enquête, ce qui revient d'ailleurs au cas indiqué en second lieu. (Coll. n. 1324.)

b. Lorsque l'interpellé ne répond pas

65. Le manque de réponse à l'interpellation adressée au conjoint infidèle n'est une cause suffisante de dispense, que lorsque le temps à lui fixé comme limite extrême pour faire connaître sa volonté est réellement écoulé.

On peut assimiler à ce cas celui où l'interpellation est inutile parce qu'il est constaté avec certitude que le conjoint infidèle ne veut ni se convertir, ni cohabiter pacifiquement.

Toutefois les Vicaires Apostoliques ne peuvent, dans ce dernier cas, accorder la dispense en vertu de leurs facultés ordinaires, que s'il y a urgence et si le temps fait défaut pour recourir au S. Siège [1].

Des décisions plus récentes du S. Office identifient cependant la raison d'*inutilité* de l'interpellation avec celle d'*impossibilité*, au point de vue de la dispense, et quoique on ne puisse conclure d'une réponse particulière à une règle générale, surtout en matière de dispense, il semble bien que telle qu'elle est présentée, l'identification soit considérée par la S. Congrégation comme absolue, et par suite comme applicable à tous cas.

---

[1] « Quoties conjugem infidelem nec Christi fidem amplecti, nec sine contumelia Creatoris cum conjuge converso velle cohabitare certo constet, Episcopi tanquam Apostolicæ Sedis delegati, et Vicarii Apostolici, dispensare poterunt super interpellatione, dummodo urgeat necessitas, nec tempus suppetat recurrendi ad S. Sedem. » (S. Off. 11 Aug. 1859. Collect. n. 1351.)

Les réponses portent, en effet : « Modo ex processu saltem summario constet interpellationem vel *impossibilem* vel *inutilem* fore, supplicandum SS.mo pro petita dispensatione. » (13 mars 1901. Can. Cont. a. 1901 p. 464 et 465.)[1]

Quoiqu'il en soit, la question ne présente qu'une importance bien secondaire, puisque les Vicaires Apostoliques peuvent dispenser en cas d'urgence, et que le plus souvent les cas sont en effet urgents en pays de mission, et le recours à Rome difficile à cause des distances.

c. En cas de mariage douteux

66. Konings [2] range aussi parmi les causes ordinaires de dispense le *doute sérieux* sur la validité du mariage contracté dans l'infidélité.

Mais il a soin de faire remarquer, et avec raison, qu'il n'est nullement certain que la dispense soit nécessaire, puisque le S. Office, dans une réponse du 18 mai 1892, délare que « en cas de doute sérieux sur la validité du mariage contracté avec la première épouse, le converti pourra s'unir à celle qu'il voudra parmi les autres, pourvu qu'elle soit baptisée », sans faire aucune mention ni de l'interpellation, ni du besoin de dispense. (Collect. n. 2185.) [3]

Il pourrait y avoir lieu d'ailleurs, en pareille

---

[1] Voir aussi Collect. n. 1360.

[2] Ouvrage cité, p. 206. — Voir aussi Gasparri, n. 218. — De Becker p. 414.

[3] « Ad 2. Ubi serio dubitetur de validitate matrimonii cum prima, poterunt quamlibet ducere, dummode sit baptizata, renovato consensu. » Voir également Coll. n. 1332, où on lit en outre : « vel etiam posse quamcumque aliam mulierem eligere eadem servata conditione. »

currence, d'appliquer le principe déjà exposé : que le doute doit toujours être interprété en faveur de la foi (Voir n. 26.), sans qu'on ait besoin pour cela de recourir à aucune dispense.

§ 2. Causes extraordinaires

67. Ainsi qu'on l'a vu, le S. Office ne range parmi les cas extraordinaires que ceux où, rigoureusement parlant, l'interpellation peut être faite, mais non sans danger grave et évident pour le converti ou pour les autres chrétiens.

Cela ne veut pas dire que d'autres cas extraordinaires ne puissent se présenter et ne se présentent de fait, comme par exemple celui du Tanganika rapporté n. 58, pour lequel dispense de l'interpellation a été accordée par le Souverain Pontife.

Mais il faut en conclure que la faculté spéciale de dispenser dans les cas *extraordinaires*, ne s'étend qu'à ceux indiqués par cette définition, et que pour ceux qui n'y sont pas compris, le recours au Saint-Siège est toujours nécessaire.

Article III

Manière de procéder
pour la concession de la dispense

§ 1. Enquête à faire

68. La nature même des choses aussi bien que la formule de concession du pouvoir de dispenser de l'interpellation demandent, tant dans les causes ordinaires que dans les causes extraordinaires, qu'avant d'accorder cette dispense, le missionnaire ait acquis la certitude de l'existence du motif qui la légitime.

Une enquête sérieuse s'impose donc pour chaque cas, et cette enquête, au moins sommaire et extra-judiciaire, ne permettra d'accorder la dispense que si elle amène à constater la réelle existence du motif invoqué.

En cas de doute sur l'existence ou la valeur du motif, la dispense ne pourrait être accordée par le missionnaire, et il faudrait recourir au Saint-Siège; telle est la règle formulée par le Saint Office, le 29 novembre 1882 [1].

La seule présomption, fondée soit sur la conduite antérieure du conjoint infidèle envers le converti, soit sur les discordes qui règnaient entre les époux pendant la première cohabitation, soit sur le fait d'une nouvelle union contractée par l'infidèle et qu'il ne semble pas vouloir abandonner, etc. . . . . ne pourrait suffire à légitimer la dispense de l'interpellation, (Collect. n. 1314).

Celle-ci ne pourrait pas non plus être légitimée

---

[1] « Verum sive agatur de ordinariis sive de extraordinariis casibus, investigationes et diligentiæ antequam ab interpellatione dispensetur semper erunt adhibendæ, in primis quidem, ut saltem summarie et extrajudicialiter constet, absentem conjugem moneri legitime non posse aut monitum infra tempus in monitione præfixum suam voluntatem non significasse ; in alteris, ut constet de evidenti periculo gravis damni, quod ex interpellatione vel in compartem christianam vel in alios christifideles obventurum esset. » Et ad 2..... « In casibus particularibus, in quibus hæc certa argumenta desint, recurrat ad S. Sedem. » (Collect. n. 1358.)

par la conviction *intime* qu'aurait le missionnaire, avant toute enquête, qu'il se trouve en présence d'un cas où il y a raison suffisante de dispenser, (Collect. n. 1313.) parce que tout cela ne fournit pas la *preuve certaine* exigée par les feuilles de pouvoirs et par les décisions des C. Romaines.

§ 2. Manière de faire cette enquête

69. Quant à la manière dont doit être menée l'enquête, aucune forme n'est rigoureusement prescrite pour la validité; pourvu qu'elle aboutisse à faire constater la légitimité du motif de dispense invoqué, cela suffit, et il importe peu qu'elle revête le caractère judiciaire ou qu'elle soit extrajudiciaire seulement.

Toutefois, s'il s'agissait de constater l'absence du conjoint infidèle et l'impossibilité de l'atteindre par l'interpellation, il faudrait, d'après la jurisprudence actuelle indiquée sur les feuilles de pouvoirs et confirmée par des décisions récentes, recourir aux feuilles publiques là où il en existe. (Can. Cont. a. 1897. p. 28. S. Off. 16 août 1895.)

Enfin acte doit être dressé de la dispense accordée et du motif pour lequel elle a été concédée; cet acte doit ensuite être conservé dans les archives pour parer aux éventualités qui pourraient se produire. (Voir n. 46)

Article IV

Effets de la dispense

70. *a*. La dispense de l'interpellation une fois concédée, le néophyte est libre d'user du droit du privilège paulin, comme si l'interpellation elle-même avait eu lieu sans succès, c'est-à-dire sans amener le conjoint infidèle à se convertir ou à cohabiter pacifiquement.

Toutefois, si le converti n'use pas de son droit de contracter une nouvelle union dans l'espace d'un an, il ne pourra plus en user ensuite sans une seconde dispense, ou sans faire l'interpellation, si celle-ci est devenue possible dans l'intervalle.

Ainsi l'a déclaré la Propagande dans une réponse déjà citée du 26 juin 1820. (Collect. n. 1326.)[1]

Si l'infidèle se convertit avant que le néophyte ait usé de la dispense et contracté un nouveau mariage, il ne peut plus en user s'il a connaissance de de cette conversion, car, ainsi qu'il a été dit plus haut, le privilège paulin n'a plus alors sa raison d'être.

b. Mais une fois la nouvelle union contractée après dispense légitime de l'interpellation, le premier mariage est et reste dissous et le second demeure stable, quand même on apprendrait plus

---

[1] « Utrum dilato ex parte fidelis per notabile tempus matrimonio .....post obtentam ab ea (interpellatione) dispensationem..... dispensatio nova necessaria sit. Et quatenus affirmative, quod temporis spatium intercedere debeat inter primam et secundam.... dispensationem ? »

« R. Post annum, in casu dispensationis obtentæ ab initio. »

tard que l'infidèle a été dans l'impossibilité de faire connaître sa volonté, ou même qu'il était déjà converti au moment où le second mariage a été contracté.

Ainsi l'a décrété Grégoire XIII le 25 janvier 1585, dans une constitution qui a servi de base à toute la discipline sur les dispenses d'interpellation [1].

Article V

Situation de l'infidèle
abandonné après usage du privilège

§ 1. Controverse théorique

71. Les théologiens et les canonistes se sont demandé si le conjoint resté dans l'infidélité est libre de tout lien, après que le converti a usé du privilège paulin et contracté une nouvelle union qui dissout son premier mariage, et si par conséquent cet infidèle peut contracter de son côté un nouveau mariage légitime ?

Cette question a donné lieu à une controverse que Benoît XIV n'a pas voulu trancher et qui reste encore indécise, parce que, malgré le principe de droit commun portant que l'un des conjoints étant délié, l'autre doit l'être aussi, plusieurs ont soutenu

---

[1] « Quæ quidem matrimonia, etiamsi postea innotuerit conjuges priores infideles suam voluntatem juste impeditos declarare non potuisse, et ad fidem etiam tempore contracti secundi matrimonii conversos fuisse, nihilominus rescindi nunquam debere, sed valida et firma, prolemque inde suscipiendam legitimam fore decernimus. » (Collect. n. 1307.)

qu'en punition de son obstination dans l'erreur, l'infidèle reste lié et inhabile à contracter une nouvelle union.

§ 2. Côté pratique de la question

72. Il y aurait en somme peu d'intérêt dans cette question si elle restait dans le domaine de la théorie, mais elle devient pratique pour le missionnaire en trois circonstances dont il est utile de dire quelques mots.

1. Lorsque l'infidèle séparé du chrétien qui a usé contre lui du privilège paulin se convertit à son tour sans avoir auparavant contracté une nouvelle union, il est bien certain que le lien pénal qui le retenait peut-être, disparaît au moment de la conversion, et qu'il peut en toute liberté contracter un nouveau mariage en vertu du privilège de la foi. (S. Office 16 septembre 1824. Collect. n. 1328.) [1]

2. Si cet infidèle a contracté un nouveau mariage avant sa conversion avec une personne infidèle, cette union reste douteuse, étant donné la controverse, et il y a lieu par conséquent d'appliquer le principe déjà indiqué : qu'en cas de doute il faut se prononcer en faveur de la foi, et déclarer le mariage nul si le bien de la foi le demande, ou stable si ce même bien l'exige.

Il pourrait d'ailleurs encore ici user du privilège paulin, en accomplissant les conditions qui en rendent l'usage légitime.

---

[1] « Quo in casu quod favore fidei concessum est mulieri, fidei quoque favore concedendum est viro, ne alioquin ansa ei præbeatur catholicam aversandi religionem, aliisque infidelibus conjugibus in infidelitate permanendi. »

3.   La seule difficulté sérieuse se rencontre dans la troisième circonstance qui pourrait se présenter, celle où cet infidèle, tout en restant dans l'infidélité, voudrait se marier avec une personne chrétienne usant ou non du privilège paulin.

Il semble que la dispense de la disparité des cultes nécessaire à la personne chrétienne pour s'unir validement à un infidèle, ne suffirait pas à elle seule pour faire disparaître l'obstacle du lien pénal qui rend peut-être l'infidèle inhabile, parce que cette dispense étant une faveur personnelle au fidèle, ne change en rien la situation propre à l'infidèle et ne peut par conséquent le rendre apte au mariage s'il ne l'était pas.

Il faudrait donc dans ce cas faire connaître cette situation de l'infidèle, en adressant la demande de dispense de la disparité des cultes, si on ne voulait s'exposer à une concession *nulle* par suite d'un exposé inexact et incomplet de la cause.

Il semble aussi qu'en raisons des circonstances extraordinaires de cette situation, les pouvoirs ordinaires des Vicaires Apostoliques ne suffiraient pas pour accorder sûrement la dispense, et que la cause devrait être soumise à Rome.

Il est à peine besoin de remarquer que si le conjoint infidèle avait contracté mariage avec une personne infidèle, avant que le converti eût usé du privilège paulin, ce mariage serait certainement nul, parce que le premier lien subsiste tant qu'il n'a pas été rompu par l'usage légitime du privilège par le conjoint converti.

CHAPITRE IV

POUVOIR DU SOUVERAIN PONTIFE
DE DISSOUDRE LE MARIAGE
CONTRACTÉ DANS L'INFIDÉLITÉ
EN DEHORS
DE L'APPLICATION DU PRIVILÈGE PAULIN

Article I

Etat de la question

73. Après avoir exposé la doctrine et la pratique de l'Église sur l'usage du *privilège Paulin*, il ne sera pas inutile de consacrer quelques pages à une question qui s'y rattache de très près, celle de savoir si, en dehors de toute application du privilège Paulin lui-même, le Souverain Pontife a le pouvoir de dissoudre, de sa propre autorité, un mariage contracté dans l'infidélité.

a. La question ne se pose pas pour les époux infidèles tant qu'ils restent tels, car n'étant point les sujets de l'Église, ils ne peuvent être soumis au pouvoir du Souverain Pontife pour leurs unions.

Il n'y a donc lieu de la poser que pour ceux qui sont devenus les sujets du Souverain Pontife en se faisant chrétiens, tous les deux ou au moins l'un d'entre eux.

b. Encore n'y a-t-il aucune raison de s'arrêter, pour ces derniers, au cas où le mariage contracté dans l'infidélité n'aurait jamais été consommé, car, sans aucun doute, le Souverain Pontife peut pour ces néophytes ce qu'il peut certainement pour les autres chrétiens, c'est-à-dire dissoudre un mariage conclu mais non consommé[1].

c. La question se pose donc uniquement pour un mariage contracté dans l'infidélité et consommé, et pour l'une des situations suivantes :

1. L'un seulement des conjoints reçoit le baptême, l'autre reste dans l'infidélité ;

2. Les deux conjoints reçoivent l'un et l'autre le baptême, mais n'ont pas consommé le mariage après l'avoir reçu ;

3. Les deux époux sont baptisés et ont consommé le mariage après le baptême.

On se demande donc si dans ces trois circonstances, ou dans l'une ou l'autre d'entre elles, le Souverain Pontife possède le pouvoir de dissoudre le mariage légitime contracté et consommé dans l'infidélité, et de permettre, par conséquent, aux conjoints convertis de convoler validement à de nouveaux liens ?

En raison des différences caractéristiques de chacun de ces cas, ils seront examinés séparément.

d. Mais il est bon de remarquer tout de suite que cet examen n'a pas pour but de résoudre la

---

[1] « Verum si matrimonium cum prima uxore non fuerit unquam consummatum, poterit Pontifex in eo dispensare, secundum probabilem opinionem quæ in praxi servatur, et docet Pontificem posse dispensare in matrimonio rato fidelium, ergo multo magis in non consummato infidelium. » (Collect. n. 1308.)

question théorique de l'existence de ce pouvoir du Souverain Pontife : il se bornera à montrer que les faits sur lesquels on s'appuie pour l'établir ne sont pas concluants, et que, par conséquent, la question ne peut avoir, jusqu'à nouvel ordre, aucun importance pratique pour les missionnaires.

Article II

Dans le cas où l'un seulement des conjoints se convertit

74. Il ne s'agit pas ici de savoir si, en pareil cas, le mariage conclu dans l'infidélité peut être dissous par l'usage du privilège Paulin exercé sans ou avec dispense de l'interpellation, car la chose est incontestable et démontrée par une multitude d'exemples.

Ce que l'on se demande, c'est donc si, abstraction faite de l'usage du privilège Paulin, le Souverain Pontife possède le pouvoir de dissoudre, de sa propre autorité, une telle union, comme il peut certainement dissoudre le mariage non consommé entre chrétiens ?

§ 1. La controverse

75. a. Les uns se prononcent pour l'affirmative, les autres au contraire refusent de reconnaître au Souverain Pontife un tel pouvoir.

b. Il est bien évident que si on pouvait citer un fait *absolument certain* de l'exercice de ce pouvoir, la question serait définitivement tranchée en faveur de la première opinion.

Mais, et c'est là en somme le point principal de la controverse et le nœud de la question, les faits cités par les partisans de l'existence de ce pouvoir, pour appuyer leurs dires, sont considérés par leurs adversaires comme une simple application des principes du privilège paulin, et ne demandent par conséquent, pour être suffisamment expliqués, aucun autre pouvoir que celui que possède certainement le Souverain Pontife, d'interpréter authentiquement ce privilège.

c. Toute la question revient donc finalement à ceci : en déclarant dissous les mariages dont il est fait mention dans les cas cités, le Souverain Pontife a-t-il usé du pouvoir qu'il aurait de dissoudre de tels mariages, en dehors de toute application du privilège paulin ou n'a-t-il, en réalité, pas fait autre chose qu'appliquer ce privilège lui-même ?

§ 2. Le peu d'importance pratique
de la controverse

76. *a.* Il résulte bien clairement de cet exposé que la question ramenée au dernier énoncé qui la renferme toute entière, ne saurait avoir absolument aucune importance pratique pour les missionnaires, puisque, d'une part, l'usage du privilège Paulin interprété souverainement par le Pape, s'étend en fait à tous les cas dans lesquels le pouvoir attribué par la première opinion au Souverain Pontife trouverait l'occasion de s'exercer, tandis que, d'autre part, les facultés accordées aux Vicaires Apostoliques n'en contiennent jamais la concession.

b. Lors donc qu'un cas de cette nature se présente à résoudre, il suffit aux missionnaires de se reporter aux règles qui dirigent dans l'usage légitime du privilège paulin, pour qu'ils se rendent immédiatement compte de la marche à suivre dans les circonstances soumises à leur appréciation.

1. Car, ou bien le privilège trouve son application directe dans le cas à résoudre, sans qu'il soit nécessaire de recourir à la dispense de l'interpellation, parce que toutes les conditions requises se trouvent en fait réunies (n. 32 et suiv.), et il n'y a qu'à laisser le néophyte user librement de son droit.

2. Ou bien dispense de l'interpellation doit être accordée pour qu'il puisse être fait usage du privilège, soit dans ce qu'on appelle les cas ordinaires, soit dans ceux qui sont nommés extraordinaires (n. 63 et suiv.), soit même dans le cas de polygamie (n. 34 et suiv.), et cette dispense une fois accordée par celui qui en a le pouvoir, le néophyte est encore parfaitement en règle et il peut légitimement user de son droit.

3. Ou bien enfin le cas se présente avec des circonstances telles qu'il ne peut être classé ni parmi ceux que le S. Office appelle *ordinaires*, ni parmi ceux qu'il appelle *extraordinaires* (n. 63), et alors le recours à Rome s'impose toujours.

Il n'y a plus alors, après avoir fait la demande de dispense en exposant clairement toutes les circonstances, qu'à attendre la réponse, sans qu'il y ait lieu de se préoccuper de la nature du pouvoir dont use le Souverain Pontife pour accorder la faveur sollicitée, si toutefois il la concède.

On le voit donc, la question posée est bien du

pur domaine de la théorie et ne peut nullement embarrasser les missionnaires dans la pratique, puisque le privilège paulin suffit à résoudre tous les cas.

§ 3. Explication des faits cités

77. Les simples réflexions qui précèdent suffisent déjà pour montrer que la question présente n'a aucune importance pratique, mais cela ressortira mieux encore d'un examen sommaire de la controverse théorique elle-même.

a. Ces faits eux-mêmes

Ceux qui reconnaissent au Souverain Pontife le pouvoir particulier dont il s'agit, s'appuient d'abord sur un bref de S. Pie V, du 2 août 1571, dans lequel ce Pape, ému des difficultés que rencontraient les missionnaires dans les Indes au sujet du mariage des polygames convertis, et des scrupules que leur causait la permission donnée à ceux-ci de demeurer avec une de leurs femmes baptisée avec eux, bien qu'elle ne fût pas la première, déclare accorder, de science certaine et dans la plénitude de son pouvoir, la dispense nécessaire pour que ces Indiens puissent rester légitimement unis à celle de leurs femmes qui se convertit, surtout parce qu'il serait très difficile de trouver la première épouse. En vertu de la plénitude du pouvoir Apostolique S. Pie V déclare donc un tel mariage valide. (Collect. n. 1306.)[1]

On ne peut nier qu'à première vue cette Constitution ne paraisse faire usage du pouvoir de dissoudre

---

[1] « Voici la partie la plus importante de ce bref : « Sed quia durissimum est separare eos ab uxoribus, cum quibus ipsi Indi baptismum susceperunt, maxime quia difficillimum foret primam conjugem reperire ; ideo Nos, statui

le mariage contracté dans l'infidélité, en faveur des Indiens polygames convertis, puisque S. Pie V, en vertu de l'autorité apostolique, et sans faire aucune allusion au privilège paulin, déclare valide leur mariage avec celle de leurs épouses convertie comme eux, sans tenir compte de l'union légitime conclue dans l'infidélité avec la première.

Cette même conclusion paraît ressortir aussi de la constitution *Populis ac Nationibus* de Grégoire XIII, du 25 janvier 1585, et relative aux nègres importés d'Afrique en Amérique, et séparés le plus souvent de l'épouse à laquelle ils s'étaient unis dans l'infidélité.

Mu par cette considération que ces infidèles, une fois convertis, ne peuvent, vu la distance ou l'ignorance du lieu où se trouve leur première épouse, lui demander si elle consentirait à cohabiter pacifiquement avec eux, le Souverain Pontife, pour remédier à leur fâcheuse situation, les autorise à contracter un nouveau mariage avec une personne catholique, sur cette raison que les mariages contractés dans l'infidélité, quoique valides, ne sont pas tellement fermes qu'ils ne puissent être rompus en cas de nécessité.

En vertu donc de l'Autorité Apostolique, le Pape permet à ces néophytes de convoler à de nouveaux liens, sans s'enquérir de la première épouse, pourvu qu'un procès sommaire ait permis de constater qu'elle

---

dictorum Indorum paterno affectu benigne consulere, atque ipsos Episcopos et Ministros ab hujusmodi scrupulis eximere volentes, motu proprio et ex certa scientia nostra, ac apostolicæ potestatis plenitudine, ut Indi, sicut præmittitur baptizati, et in futurum baptizandi, cum uxore quæ cum ipsis fuerit baptizata et baptizabitur remanere valeant, tamquam cum uxore legitima, aliis dimissis, Apostolica auctoritate, tenore præsentium, declaramus, matrimoniumque hujusmodi inter eos legitime consistere. » (Coll. n. 1306.)

ne pouvait être avertie, ou qu'avertie elle n'a pas répondu au temps fixé.

Il déclare en outre que ces nouvelles unions resteront fermes, quand même il serait constaté plus tard que la première épouse était convertie au moment du second mariage, ou qu'elle a été dans l'impossibilité de répondre [1].

b. Interprétation opposée

78. Tels sont les documents émanés du S. Siège sur lesquels on a cru pouvoir s'appuyer pour attribuer au Souverain Pontife le pouvoir de dissoudre le mariage contracté dans l'infidélité, en dehors de l'application du privilège paulin.

Toutefois, la conclusion qu'on en tire est loin d'être aussi rigoureuse qu'elle pourrait le paraître au premier abord.

a. Benoît XIV auquel ou ne peut dénier une compétence plus qu'ordinaire dans ces sortes de questions, ne voit, en effet, dans la constitution

---

[1] « Idcirco nos, attendentes hujusmodi connubia inter infideles contracta, vera quidem, non tamen adeo rata censeri, ut necessitate suadente dissolvi non possint, talium gentium infirmitatem paterna pietate miserati, universis et singulis dictorum locorum ordinariis..... plenam, auctoritate Apostolica, tenore præsentium concedinus facultatem dispensandi cum quibuscumque utriusque sexus christifidelibus incolis dictarum regionum et serius ad fidem conversis qui ante baptisma susceptum matrimonium contraxerunt, ut eorum quilibet, superstite conjuge infideli, et ejus consensu minime requisito, aut responso non expectato, matrimonia cum quovis fideli alterius etiam ritus contrahere, et in facie Ecclesiæ solemnizare, et in eis postea carnali copula consummatis quoad vixerint remanere licite valeant : dummodo constet, et summarie, et extrajudicialiter, conjugem, ut præfertur, absentem

de S. Pie V et dans celle de Grégoire XIII invoquée dans le même sens, qu'une simple dispense de l'interpellation requise pour l'usage légitime du privilège paulin.

Il déclare, en effet, qu'à ses yeux, les deux Souverains Pontifes dont il s'agit, n'ont pas fait autre chose, pour remédier aux sérieuses difficultés qui leur étaient soumises, que relâcher de la rigueur des lois canoniques en ce qui concerne l'interpellation à faire au conjoint resté dans l'infidélité, et l'obligation de lui donner un temps convenable pour faire parvenir sa réponse.

Et cette interprétation il la tire des paroles mêmes de S. Pie V qui se base, pour accorder la dispense, sur la *très grande difficulté* qu'il y aurait à trouver l'époux resté dans l'infidélité, et sur celles de Grégoire XIII, qui n'accorde lui-même la dispense que pour les cas ou un *procès au moins sommaire* aura permis de constater que l'interpellation est impossible[1].

b. Mais voici qui est encore plus formel, puisque c'est l'interprétation des brefs de S. Pie V et

---

moneri legitime non posse, aut monitum intra tempus in eadem monitione præfixum suam voluntatem non significasse ; quæ quidem matrimonia, etiamsi postea innotuerit conjuges priores infideles suam voluntatem juste impeditos declarare non potuisse, et ad fidem etiam tempore secundi matrimonii conversos fuisse, nihilominus rescindi nunquam debere, sed valida et firma, prolemque inde suscipiendam legitimam fore decernimus. » (Collect. n. 1307.)

[1] « Sententiam nostram de præmissis constitutionibus declarantes, dicimus duos illos summos Pontifices expositis sibi difficultatibus consulturos, nihil aliud egisse quam canonicarum legum rigorem temperare in eo quod pertinet ad judicialem interpellationem quæ infideli con-

de Grégoire XIII faite par le S. Office lui-même, le 22 Novembre 1871.

A la demande si les missionnaires peuvent user dans toute leur étendue des facultés concédées par le bref de S. Pie V *Romani Pontifices*, le S. Office répond que le bref se rapporte au cas où la première épouse est inconnue et en même temps fort difficile à trouver, et que dans l'usage qu'on en fait, il faut s'en tenir à la règle tracée par Grégoire XIII, à savoir, qu'un procès au moins sommaire et extrajudiciaire doit avoir fait constater la difficulté de découvrir où se trouve cette personne[1].

Or, de cette interprétation du S. Office, il résulte clairement que les deux Constitutions se réfèrent uniquement à l'usage du privilège paulin, moyennant dispense de l'interpellation moralement impossible dans les cas qui y sont visés.

---

jugi facienda esset. Id satis aperte colligitur ex ipso Brevi S. Pii papæ V, ubi leguntur hæc verba : « *Maxime quia difficillimum foret primum conjugem reperire.* » Idemque clare etiam infertur ex àliis Gregorii XIII litteris, in quibus inter cætera hæc habentur : « *Dummodo constet, etiam summarie et extrajudicialiter, conjugem absentem moneri legitime non posse* » . . . . etc.. (De Syn. diœ. L. XIII, c. 21, n. 4.)

[1] « An potestate a S. Pio V universe concessa per Breve quod incipit *Romani Pontifices* uti possint missionarii in tota sua latitudine ? »

« R. Breve s. m. Pii V spectare ad casum in quo prima uxor nota non sit, simulque sit difficillimum eam reperire ; in ejus vero usu servandam esse regulam ab ejusdem successore Gregorio XIII præscriptam, hoc est ut, antequam neophytus cum alia muliere quæ simul cum eo baptizata est matrimonio jungatur, per summarium et extrajudicialem processum constare debeat difficillimum reapse esse primam uxorem reperire. » (Collect. n. 1356.)

C'est bien, en effet, dans ce sens d'une dispense d'interpellation que les Cong. Romaines les ont toujours entendues, comme il est aisé de s'en convaincre, en se reportant aux n. 1311, 1313, 1315, 1332 et 1344 des Collectanea.

On ne saurait donc en tirer une preuve certaine en faveur du pouvoir spécial du Souverain Pontife de dissoudre le mariage contracté dans l'infidélité.

Sans doute, l'interprétation donnée par les Cong. Romaines après Benoît XIV, n'a pas pour but de résoudre la controverse et ne la tranche peut-être pas définitivement.

Elle montre du moins que celle-ci est bien du domaine de la pure théorie, puisque les seuls exemples dont on pouvait se réclamer, avec quelque apparence de raison, pour affirmer le pouvoir spécial du Souverain Pontife de dissoudre les mariages dont il s'agit, sont expliqués par la curie Romaine dans le sens d'une application du privilège paulin.

Au contraire toutes les demandes qui se réfèrent à l'exercice du pouvoir spécial dont il s'agit, sont toujours rejetées.

C'est ainsi que le Vicaire Apostolique du Japon ayant supplié le Souverain Pontife de faire usage de ce pouvoir extraordinaire en faveur de ses néophytes, et dans des circonstances où cette concession était regardée comme l'unique moyen de remédier à de grands maux, le S. Office a répondu, le 11 Mars 1868, qu'une telle dispense n'est pas accordée : « R. . . . . ad dispensationem prout petitur, non concedi. » (Collect. n. 1299.)

Il faut donc en conclure, tout au moins, que les missionnaires n'ont pas à se préoccuper de cette controverse, et que pratiquement, ils doivent traiter tous les cas qui se présentent à résoudre en cette matière d'après les principes exposés sur l'usage et les conditions du privilège paulin.

Le cas du Tanganika rapporté n. 58 confirme très clairement cette conclusion.

Le Vicaire Apostolique qui l'a soumis au S. Off. y demandait en effet, expressément dispense du mariage conclu dans l'infidélité, en priant le Souverain Pontife de faire usage du *pouvoir spécial* dont il est ici question, parce qu'il jugeait que le privilège paulin n'était pas applicable à cette situation, ainsi que le porte la supplique.

Et c'est cependant par une dispense de *l'interpellation* que le cas est tranché par le S. Office, avec l'approbation du Souverain Pontife.

Non seulement les demandes sont rejetées ou reçoivent une solution par l'application du privilège paulin, mais le S. Office semble aller encore plus loin et déclarer qu'elles *ne peuvent* être accueillies.

Le Vicaire Apostolique de Natal demande, en effet, si un homme qui ne veut pas cohabiter avec son épouse encore infidèle, parce qu'elle s'est rendue coupable d'adultère, peut être *délié* du mariage conclu dans l'infidélité et convoler à de nouveaux liens après son baptême, quand même cette épouse encore infidèle voudrait être elle-même baptisée ?

Le S. Office répond le 11 Juillet 1866 par une déclaration de principe assez explicite, et prononce que le mariage même contracté dans l'infidélité, est indissoluble de sa nature et ne peut être rompu, quant au lien, *qu'en vertu de l'usage légitime du privilège paulin*[1].

---

[1] « VIII. Utrum vir legitimus qui nolit cohabitare cum uxore sua post adulterium commissum, si convertitur ad

C'est dire assez clairement que le lien restera toujours et en toute hypothèse, tant que le privilège paulin ne pourra pas être légitimement exercé, et, par conséquent, que le Souverain Pontife lui-même ne peut pas dissoudre une telle union, par un pouvoir spécial qui s'étendrait plus loin que ne le comporte ce même privilège, ou qui s'exercerait hors de son application.

c. Objections contre cette solution [1]

79. On dira peut-être que c'est là donner au privilège paulin une *extension* qu'il ne paraît pas comporter, si on s'en tient au texte de S. Paul qui

---

fidem, poterit dispensari a vinculo matrimonii sui contracti in infidelitate, et ducere alteram uxorem, etiamsi infidelis uxor adultera vellet et ipsa baptizari ? »

« Ad VIII. Matrimonium etiam in infidelitate contractum natura sua est indissolubile, et tunc solum quoad vinculum dissolvi potest virtute privilegii in favorem fidei a Christo Domino concessi, et per Apostolum Paulum promulgati, quando conjugum alter christianam fidem amplectitur, et alter nedum a fide amplectenda omnino renuit, sed nec vult pacifice cum conjuge converso cohabitare absque injuria creatoris; ideoque non esse locum dissolutioni quoad vinculum matrimonii legitime contracti in infidelitate, quando ambo conjuges baptismum susceperunt, vel suscipere intendunt. — SSmus confirmavit. » (Collect. n. 1353.)

[1] On peut voir la thèse du pouvoir spécial du Souverain Pontife vigoureusement défendue par Ballerini. (Opus Theolog. Morale. T. VI, n. 445-456.) Il est seulement à regretter que ce savant théologien n'ait pas mieux connu les décisions ou réponses du S. Office, tant pour la question présente que pour la nécessité de l'interpellation dans l'usage du privilège paulin.

le promulgue, et reconnaître par là même au Souverain Pontife, quoique d'une manière indirecte, le pouvoir spécial dont il s'agit, puisque l'interprétation *extensive* d'une loi suppose nécessairement le pouvoir législatif lui-même.

Cette objection serait décisive, si l'étendue du privilège paulin étant bien clairement délimitée, il était démontré que les Constitutions de S. Pie V, de Grégoire XIII et la pratique du Saint-Siège qui continue à s'en inspirer, ajoutent, en effet, quelque chose à l'étendue réelle du privilège.

Mais ceux qui se prononcent contre le pouvoir spécial dont il s'agit peuvent répondre : que ces Constitutions et la pratique qui s'en inspire, ont précisément pour but de *faire connaître* l'étendue du privilège, comme le Souverain Pontife en a certainement le pouvoir, mais n'y ajoutent rien.

De sorte que, finalement, toute la controverse revient à la question de savoir quelle est exactement *l'étendue du privilège paulin*, et pratiquement on n'a qu'à s'en tenir à ce que l'Église a déterminé pour l'usage de ce privilège, sans se préoccuper outre mesure de savoir si l'interprétation qu'elle en donne est *stricte*, ou si elle est vraiment *extensive*.

Peu importe, après tout, aux missionnaires qui fulminent la dispense et aux néophytes qui en usent, qu'elle soit accordée en vertu du privilège paulin ou par un autre pouvoir spécial du Souverain Pontife : l'essentiel est qu'elle soit accordée, et si elle ne l'est pas, on ne sera pas moins empêché de passer outre, que l'on admette ou non le pouvoir spécial dont il s'agit.

Article III

Dans le cas
où les deux conjoints sont baptisés,
sans que le mariage ait été consommé
après le baptême

§ 1. Sur quoi s'appuie l'opinion
qui admet le pouvoir spécial du Pape

80. a. On se trouve encore ici en présence de la même controverse théorique que dans le cas précédent : les uns reconnaissant au Souverain Pontife le pouvoir spécial d'annuler l'union conclue par les deux néophytes avant leur baptême, les autres refusant d'en admettre l'existence.

Or, bien qu'il semble tout d'abord plus difficile de soutenir l'existence de ce pouvoir du Souverain Pontife dans ce cas où le baptême des deux conjoints a conféré apparemment plus de fermeté à leur union, la Constitution de Grégoire XIII contient un passage qui paraît donner raison à ceux qui l'admettent.

Il y est dit, en effet, à propos du nouveau mariage qu'aurait contracté l'un des néophytes dispensé de l'interpellation, parce qu'il ignore ce qu'est devenu son premier conjoint : « que ces unions ne doivent jamais être rompues, mais qu'elles resteront fermes et valides, et que les enfants qui en seront nés seront tenus pour légitimes, quand même on apprendrait ensuite que les époux restés dans l'infidélité avaient été légitimement empêchés de faire connaître leur volonté, ou même qu'ils étaient déjà chrétiens au moment où le second mariage a été conclu [1]. »

Or, comme ce second mariage ne peut être valide sans que le premier soit dissous, et comme, d'autre part, il ne paraît pas possible de voir ici une simple application du privilège paulin, puisque le conjoint était devenu *fidèle* avant que la seconde union fût conclue, la logique semble bien obliger d'admettre que le Souverain Pontife possède vraiment le pouvoir de dissoudre le mariage contracté dans l'infidélité, même lorsque les deux époux sont baptisés, pourvu toutefois qu'ils ne l'aient pas consommé après le baptême.

§ 2 Explication en sens contraire

81. L'argument serait sans réplique, il faut bien le reconnaître, si des autorités fort sérieuses ne donnaient des paroles de Grégoire XIII une explication différente dont on ne peut ne pas tenir compte.

Benoît XIV, après avoir fait siennes les expressions citées de Grégoire XIII, dans sa Constitution *In Suprema*, du 16 janvier 1745, et non sans doute sans en comprendre le sens et la portée, n'hésite pas à n'y voir qu'une application du privilège de la

---

[1] « Quæ quidem matrimonia, etiamsi postea innotuerit conjuges priores infideles voluntatem juste impeditos declarare non potuisse, et ad *fidem etiam tempore contracti secundi matrimonii conversos fuisse, nihilomimus rescindi nunquam debere, sed valida et firma, prolemque, inde suscipiendam legitimam fore decernimus.* » (Collect. n. 1307.)

foi, dans son traité *de Synodo diœcesana*, édité pour la première fois en 1758, c'est-à-dire treize ans après sa Constitution *In Suprema*. (Coll. n. 1309.)

Il déclare, en effet, à l'endroit déjà cité, qu'il faut faire la même réponse que précédemment, et que le premier mariage doit être tenu pour dissous de droit divin, et non par le Souverain Pontife qui, en cela, ne fait pas autre chose, en raison des circonstances particulières de ces cas, qu'accorder dispense de l'interpellation judiciaire [1].

On peut lire à la suite l'explication donnée par ce grand Pape.

Il suffit au but poursuivi ici d'avoir montré qu'il ne voit dans le texte de Grégoire XIII, qu'il a fait sien, rien de plus qu'une application du privilège en faveur de la foi.

La pratique des Congrégations Romaines concorde encore ici avec l'interprétation de Benoît XIV, car c'est sur le décret de Grégoire XIII que sont basées, dans leurs réponses, les règles de l'interpellation et de la dispense de celle-ci, comme on peut le voir aux numéros déjà indiqués des Collectanea.

Il faut donc conclure encore pour ce second cas, comme pour le premier, que pour résoudre définivement la question théorique, il faudrait connaître exactement l'étendue du privilège paulin.

Alors seulement on pourrait prononcer avec certitude si dans la concession de Grégoire XIII il est

---

[1] « Sed eadem semper recurrit superius allata responsio : primum scilicet matrimonium nequaquam dici posse solutum a Summo Pontifice, bene vero a jure divino ; nihilque in hac re a Pontifice fieri, quam, peculiaribus ita suadentibus circumstantiis, rigorem judicialis interpellationis auferre. »..... (*De Syn. diœc.* L. XIII, c. 21. n. 5.)

fait usage d'un pouvoir extraordinaire du Souverain Pontife, ou si, en effet, comme le dit expressément Benoît XIV, et comme le suppose la pratique des Congrégations Romaines, il y a là seulement une application du privilège paulin.

§ 3. Solution pratique

82. Mais si la question théorique reste douteuse, la question pratique est parfaitement claire et ne peut donner lieu à aucune difficulté.

1. Il est bien certain, en effet, que si on avait connaissance du baptême de l'autre conjoint, aucune dispense ne serait accordée en fait, au néophyte, auquel toute nouvelle union resterait interdite, parce que, dans ce cas, selon les propres expressions du S. Office, *il n'y a pas place pour le privilège.* (Voir n. 32.)

Inutile donc de formuler une demande de dispense dans une telle situation : la réponse ne saurait être que négative, comme le prouve toute la jurisprudence des Congrégations Romaines.

2. Il est non moins certain que, si dispense de l'interpellation a été légitimement accordée, parce qu'on ne savait où trouver l'autre conjoint, le nouveau mariage contracté en vertu de cette dispense reste valide, quand même on viendrait à apprendre ensuite que le conjoint introuvable était baptisé, au moment où il a été conclu. (n. 70.)

Cette double certitude suffit pour faire disparaître toute difficulté pratique, et pour rassurer pleinement les missionnaires, bien que la controverse reste toujours ouverte.

Article IV

Dans le cas où les deux conjoints baptisés ont consommé de nouveau le mariage après leur baptême

83. Quelques auteurs ont encore pensé que, même dans ce cas, le Souverain Pontife aurait le pouvoir de dissoudre le mariage contracté dans l'infidélité[1].

Mais comme ici on ne peut s'appuyer sur aucun décret pour soutenir l'existence de ce pouvoir, la pensée commune des théologiens et des canonistes est que le Souverain Pontife ne peut absolument pas dispenser.

Car, soit qu'on admette que l'union contractée dans l'infidélité est devenue, au moment de sa consommation après le baptême, un mariage chrétien dans toute la force du terme, c'est-à-dire un sacrement, comme beaucoup le pensent; soit qu'on ne l'admette pas, il ne paraît guère possible de ne pas

---

[1] Gasparri n. 1108.

y voir au moins un mariage *consommé entre fidè-les*, dans lequel le Souverain Pontife ne peut pas dispenser. (Collect. n. 1308.)[1]

Il est bien certain du moins que, plus encore que dans les deux cas précédents, la question est purement théorique, et qu'on ne doit en tenir pratiquement aucun compte.

---

[1] « Si vero idem matrimonium fuerit consummatum post Baptismum, sive illud sit Sacramentum, sive non ; in quo diversi diversa sentiunt, omnino non poterit Pontifex dispensare. Communis est doctrina omnium theologorum et canonistarum, et ratio est quia jam illud est matrimonium fidelium consummatum, in quo non potest Pontifex dispensare. »

TROISIÈME PARTIE

MARIAGE DES NÉOPHYTES

PRÉLIMINAIRES

84. Les néophytes convertis de l'infidélité peuvent se trouver, relativement au mariage, dans trois situations différentes :

1. Ou bien ils restent unis au conjoint avec lequel ils avaient contracté dans l'infidélité, qu'il soit ou non converti lui-même ;

2. Ou bien ils contractent un nouveau mariage, soit en usant du privilège paulin, soit sans en user parce qu'ils sont libres de tout lien antérieur, et ce mariage contracté après le baptême a lieu ;

Ou avec une personne catholique ;

Ou avec une personne hérétique ;

Ou avec une personne encore infidèle ;

3. Enfin, à ce mariage il n'y a aucun empêchement, ou il y a des empêchements.

L'examen de ces diverses situations fera l'objet de cette troisième partie, dans laquelle il sera traité ensuite :

De la *bénédiction nuptiale* à donner aux fiancés ou aux époux, et enfin :

De la marche à suivre pour le jugement canonique des *causes matrimoniales*, questions qui sont le complément naturel des autres déjà énoncées.

Le tout sera précédé de l'exposé des règles à suivre pour la constatation de l'*état libre* des futurs, constatation qui, comme on le verra, doit être faite pour chaque cas de mariage à examiner, avant qu'il soit permis de procéder à sa conclusion.

CHAPITRE I

ETAT LIBRE DES FUTURS

Article I

Obligation de le constater

85. On dit que les futurs sont *libres* de contracter mariage, d'une manière générale, lorsqu'aucun empêchement ne met obstacle à leur union.

Constater l'*état libre* des futurs, c'est donc s'assurer que rien ne s'oppose à la réalisation de leurs vœux, et en particulier, qu'ils n'en sont pas empêchés par les liens d'un mariage antérieur et toujours subsistant.

Il suffit de cette définition pour se rendre compte de l'obligation grave qu'il y a, pour le missionnaire, de ne permettre aucun mariage sans s'être assuré auparavant que rien ne s'oppose à l'union projetée, ou à la continuation d'une union déjà existante, s'il s'agit de convertis désirant continuer à vivre dans le mariage contracté dans l'infidélité.

Laisser se former ou se perpétuer des unions invalides ou même simplement illicites, lorsqu'il peut les empêcher sans graves inconvénients, serait, de sa part, un manquement grave à ses obligations de pasteur.

Il est donc rigoureusement obligé comme tel, et en dehors même de toute loi ecclésiastique sur la matière, de s'entourer de toutes les garanties nécessaires à la constatation de l'*état libre* des futurs, et il ne peut procéder à leur union sans avoir la *certitude morale* que rien ne s'y oppose.

Article II

Comment constater l'état libre ?

86. Pour ne pas laisser à l'arbitraire de chacun le choix des moyens nécessaires à une constatation de cette importance, l'Église a tracé des règles basées sur la législation du Concile de Trente (*Sess. 24. De refor.*) et sur le Rituel, et plus explicitement formulées ensuite par les Souverains Pontifes et par le S. Office.

Inobservées dans certaines contrées de l'Europe où l'état général des mœurs les rend d'ailleurs moins indispensables, et où on se contente souvent d'un examen sommaire fait par le curé des futurs, ces règles n'ont pas cessé d'être maintenues par le

Saint-Siège pour l'Église universelle et pour les missions, où leur application est d'ailleurs plus nécessaire, en raison des causes plus nombreuses de nullité qui naissent spontanément de la licence presque sans limites des infidèles en matière matrimoniale.

On résumera ici les règles générales applicables à tous les cas et celles qui concernent certains cas plus difficiles, en suivant, comme toujours, les documents officiels du Saint-Siège.

§ 1. Règles générales

87. Voici donc en résumé et d'une manière générale les règles de droit commun tracées par l'Église pour la constatation canonique de l'*état libre* des futurs.

a. Deux témoins doivent comparaître pour chacune des parties devant l'Evêque, ou son Vicaire Général, ou un prêtre délégué à cet effet, pour attester l'état libre des futurs ; les mêmes témoins peuvent cependant suffire pour les deux futurs.

Ces témoins doivent être connus du secrétaire qui reçoit la déposition, ou au moins présentés par une personne connue et se portant garant pour eux ; ils doivent en outre présenter toutes les garanties voulues pour rendre leur témoignage digne de foi, c'est-à-dire avoir pu exactement connaître ce dont ils vont témoigner et ne laisser rien à désirer sous le rapport de la véracité.

Les consanguins ou alliés des futurs ne sont pas exclus ; ils doivent être même régulièrement préférés, parce qu'ils sont mieux en état de savoir tout ce sur quoi porte l'enquête : on n'exclut même pas les non catholiques, pourvu qu'ils présentent par ailleurs les garanties nécessaires.

Ces témoins, après avoir prêté serment de dire la vérité, sont interrogés l'un après l'autre, de telle sorte que des questions à eux posées et de leurs réponses soigneusement pesées et inscrites à mesure, puisse ressortir avec certitude que rien ne met obstacle à l'union des futurs.

b. L'interrogatoire du témoin terminé, lecture doit lui être donnée de sa déposition, et s'il la trouve exacte il la signe en apposant son nom s'il sait écrire, ou au moins en traçant une croix devant deux autres témoins ; le secrétaire et celui qui reçoit la déposition signent après lui.

On fait de même pour chacun des témoins, et si c'est un délégué de l'Évêque qui reçoit les dépositions, tout le dossier doit être transmis à celui-ci à qui il appartient de se prononcer sur l'*état libre*. (S. Office, Collect. n. 1363 à 1376.)

c. Cette comparution des témoins devant l'Évêque ou son délégué, n'enlève pas l'obligation qui, de droit commun, incombe au *curé*, et cela *sub gravi*, de faire personnellement une enquête auprès des futurs eux-mêmes, en les interrogeant l'un après l'autre, sur les empêchements qui pourraient s'opposer à leur union et dont quelques-uns peuvent n'être connus que d'eux seuls, sur leurs dispositions intimes relativement au mariage et sur leur connaissance suffisante de la religion[1].

d. Là où la loi canonique de l'interrogatoire des deux témoins ne serait pas mise en pratique, mal-

---

[1] Voir le Rituel Romain : de Sacramento Matrimonii.

gré son universalité et la force obligatoire que l'Église lui attribue partout en ne tenant aucun compte,
dans ses réponses, de la coutume contraire[1],
l'enquête faite sur l'état libre des futurs par le curé
lui-même ou celui qui en tient lieu dans les missions, doit nécessairement être conduite avec plus
de soin, parce qu'alors elle serait destinée à suppléer l'enquête canonique proprement dite.

Dans les cas plus compliqués il doit en être référé
à l'Évêque, comme l'indique d'ailleurs le Rituel.

Outre ces règles générales qui suffisent dans les
circonstances ordinaires, il y a une procédure spéciale à suivre lorsque l'un ou l'autre des futurs ou
les deux sont étrangers au diocèse ou à la mission,
comme aussi lorsque l'un ou l'autre ou les deux
ont été déjà engagés dans les liens du mariage, car
il faut, dans cette dernière situation, que la mort
des conjoints précédents soit démontrée.

Il sera question successivement des règles tracées
par l'Église pour la constatation de l'état libre des
futurs dans ces deux situations.

§ 2. Constatation de l'état libre
des étrangers

a. Témoignage officiel exigé

88. Lorsque les futurs ou l'un ou l'autre d'entre
eux sont étrangers au diocèse ou à la mission, il
ne suffit pas de constater qu'ils n'ont été liés par
aucun empêchement canonique contracté depuis

---

[1] Gasparri. Tract. Can. de Matrimonio. T. I. n. 139. Editio altera.

qu'ils résident dans le pays, mais il faut de plus s'assurer de leur état libre pour le temps qu'ils ont passé dans une autre contrée.

Le droit commun exige donc que s'ils n'ont quitté leur pays d'origine qu'après l'âge nubile, un témoignage de l'Évêque de ce lieu attestant leur état libre, soit présenté par eux.

Que s'ils ont vécu en divers pays, et assez longtemps pour avoir pu y contracter des empêchements au mariage, ce même témoignage doit être donné par chacun des Ordinaires sous la juridiction desquels ils ont passé un temps suffisant, quand même ils en seraient sortis depuis des années, et quand même les publications auraient été faites en ces divers lieux.

b. Comment ce témoignage officiel peut être suppléé

89. Mais, comme cela est toujours assez difficile et moralement impossible en pays de mission, soit en raison des distances, soit par suite de l'imprévoyance des futurs, soit encore parce qu'il peut ne pas y avoir d'Ordinaire dans le lieu d'où ils viennent, on devra suppléer à ce manque de témoignage canonique par la déposition de deux témoins, comme il a été dit ci-dessus en indiquant les règles générales à suivre.

Si on ne peut avoir les deux témoins exigés et connaissant la vie des futurs suffisamment pour pouvoir certifier leur état libre, le S. Office accepte qu'on se contente de témoins qui ont entendu dire par des personnes dignes de foi, que celui sur lequel est faite l'information n'est tenu par aucun empêchement.

c. Serment supplétoire

90. Enfin, si ces divers moyens de faire la preuve de l'état libre des futurs font défaut, comme cela peut arriver, les futurs après enquête sur leur vie, étant jugés assez sûrs pour être admis à faire serment qu'ils ne sont liés par aucun empêchement, on peut les admettre à le prononcer en leur faisant comprendre la gravité de cet acte. (S. Office 11 janvier 1869, Collect. n. 1373.)

Il faut cependant, pour la licéité de ce serment destiné à suppléer les informations qui ne peuvent être faites, une délégation spéciale du Saint-Siège. (S. Off. 9 décembre 1874. Collect. n. 1375.)[1]

Gasparri fait remarquer[2] que si l'Ordinaire, Évêque du diocèse ou Vicaire Apostolique, ne possède pas cette délégation spéciale qui lui permet d'admettre les futurs au serment *supplétoire*, il peut, en cas d'urgence et lorsque le temps manque pour recourir au Saint-Siège, faire prononcer quand même ce serment, car la loi de l'Église n'oblige pas *cum tanto incommodo.*

Dans toute hypothèse, on ne doit recourir à ce serment qu'à défaut des autres moyens d'information. (S. Off. ibid. n. 1373.)

---

[1] « SSmus facultatem A. Tuæ impertitur subdelegandam quoque missionariis tibi subjectis qua iidem sponsi admitti possint ad juramentum suppletorium. Idque ad quinquennium durantibus circumstantiis.

[2] Ouvrage cité. n. 133. note 4.

§ 3 Constatation de l'état libre
lorsqu'il y a eu mariage antérieur

91. Lorque les futurs, ou au moins l'un ou l'autre d'entre eux, ont été précédemment mariés, ils ne peuvent être admis à contracter un nouveau mariage, en dehors du cas du privilège paulin, tant que la preuve n'est pas faite de la mort de leur premier conjoint.

Ils ne peuvent, en effet, convoler à de nouveaux liens sans que les précédents aient été rompus par la mort de leur conjoint, et celui qui les admet à un nouveau mariage doit avoir auparavant la preuve certaine de ce décès.

a. Le manque de nouvelles ne suffit pas

Or, il faut remarquer en premier lieu, que l'absence prolongée de ce conjoint, et l'ignorance où on se trouve, par le fait de cette absence et le manque de toutes nouvelles, de ce qu'il est devenu, ne peuvent jamais constituer une preuve suffisante de sa mort, de manière à ce qu'une nouvelle union soit rendue permise par cela seul, quelle que soit la durée de ce silence, et bien que les lois civiles s'en contentent pour autoriser un nouveau mariage.

Les recherches faites pour retrouver les traces de l'absent ne suffisent pas non plus pour fournir la preuve requise.

Ainsi l'a décidée le S. Office dans une réponse pour le Vicariat Apostolique du Nyanza, le 22 déc.

1887 [1], en conformité avec ses précédentes instructions. (Collect. n. 1372-1.)

b. Document authentique requis

Il faut donc, avant de procéder au nouveau mariage, exiger un document authentique du décès, tiré des registres d'une paroisse, d'un hôpital, des listes militaires, et si l'autorité ecclésiastique ne peut le délivrer, on peut le demander à l'autorité civile du lieu où l'on suppose que le conjoint absent est mort.

c. Comment on peut suppléer au document authentique

92. a. Si on ne peut se procurer ce document officiel, il faut y suppléer en recourant aux dépositions de témoins.

Ceux-ci doivent être au moins deux, mériter toute confiance, prêter serment, avoir connu le défunt et attester sa mort comme une chose constatée par eux-mêmes.

Leur témoignage doit être concordant: sur le lieu, la cause de la mort et les principales circonstances de celle-ci ; il aura une plus grande valeur s'il émane de proches parents du défunt, de ses compagnons de voyage, de ses associés, etc.....

b. Si on ne trouve qu'un seul témoin présentant

---

[1] Voir cette décision dans Zitelli Appar. Jur. Eccl. Edit. Alt. p. 558. « 3. Est generatim valde difficile et sæpe impossibile scire quid accidit fugitivæ, an mortua sit, an vivat. Post possibiles indagationes factas, potestne supponi quod mortua sit et permitti neophyto ducere aliam uxorem ? »

« Ad 3. Negative, nisi aliter constet de obitu mulieris juxta Instructionem S. Officii quæ transmittitur. »

les garanties voulues, on pourra se contenter de son attestation, surtout si elle est corroborée par de sérieuses présomptions provenant d'autres sources.

Que si ces présomptions font défaut, il est nécessaire, pour que son témoignage soit recevable, qu'il ne contienne rien que de rationnel et de parfaitement vraisemblable.

c. A défaut de témoins immédiats, on pourrait encore regarder comme suffisant le témoignage de personnes dignes de foi certifiant avoir entendu les témoins immédiats parler de la mort du conjoint, en un temps où rien ne pouvait faire suspecter leurs dires, pourvu toutefois que le témoignage de ces personnes interposées concorde avec les autres circonstances du cas à élucider.

d. Que si enfin on ne trouve aucun des témoins dont il vient d'être parlé, il faut essayer de faire la preuve du décès en recueillant toutes les conjectures, indices, présomptions et circonstances, qui contrôlées, comparées et pesées, pourront peut-être permettre de conclure avec certitude morale, ou au moins avec une très grande probabilité, à la réalité du décès.

Le juge doit, dans ce cas, ne se prononcer qu'après avoir suivi les conseils de la prudence.

e. Le bruit public de la mort corroboré par toutes les autres circonstances, peut constituer aussi la preuve demandée, mais à la condition que deux témoins, dignes de foi, attestent avec serment que ce bruit a un fondement sérieux ; que la majeure et la plus saine partie de la population y a ajouté foi ; qu'ils n'ont pas eux-mêmes de raisons d'en douter, et, qu'enfin, il n'y a pas lieu de suspecter les intéressés de l'avoir répandu à dessein.

f. Il faudrait enfin, là où la chose paraîtrait nécessaire, faire des recherches au moyen des journaux, en donnant aux directeurs de ceux-ci toutes les indications utiles ; toutefois la prudence peut exiger qu'on s'abstienne de recourir à ce moyen, en certaines circonstances particulières.

d. Recours au Saint-Siège

93. Si, après avoir épuisé tous ces modes d'information, on n'a pu arriver à écarter tout doute sérieux, on devra recourir au Saint-Siège en faisant l'exposé aussi exact que possible du cas. (S. Office, 1868. Collect. n. 1372. Voir aussi n. 1374 et 1376.)

§ 4. Publication des bans

a. Où et comment doit-elle être faite

94. L'enquête canonique se termine par la publication des *bans*, ou proclamation du futur mariage faite à l'église, avec intimation aux fidèles de l'obligation où ils sont de manifester les empêchements à l'union projetée, s'ils en connaissent, comme aussi de ne pas y mettre obstacle sans raisons légitimes.

a. Cette publication doit être faite régulièrement à l'église paroissiale, au prône de la messe solennelle *trois* jours de fête ou de dimanche successifs, et dans la propre paroisse des futurs.

Si ceux-ci appartiennent à des paroisses différentes, les bans doivent être publiés dans chacune d'elles.

Si même ils ont plusieurs *domiciles* ou *quasi-*

domiciles, les publications doivent être faites dans chacune des paroisses où se trouvent ces domiciles ou quasi-domiciles, et le curé ne peut légitimement procéder au mariage avant d'avoir reçu l'attestation, ou que dispense a été accordée des bans, ou que les publications ont eu lieu sans amener la découverte d'aucun empêchement.

Une décision récente citée par le Canoniste Contemporain permet de faire la publication des bans dans ce qu'on appelle les églises *filles*, c'est-à-dire dans une église qui n'est pas paroissiale, mais qui appartient au territoire d'une paroisse, pourvu que les deux futurs aient leur domicile dans le district desservi par cette église secondaire. (Can. Cont. année 1901. p. 861.)

La raison de cette décision est que par là la fin de la loi est mieux obtenue, puisque les futurs étant inconnus à l'endroit où se trouve la principale église, la publication qui y serait faite des bans ne pourrait pas amener la découverte des empêchements au mariage, tandis qu'en la faisant dans une église où vont ceux qui les connaissent, ces empêchements, s'il y en a, pourront être dévoilés par eux.

b. Au point de vue canonique le *domicile* est constitué par le fait d'habiter dans un lieu avec l'intention d'y demeurer *toujours* ; le *quasi-domicile* par le fait d'habiter dans un lieu avec l'intention d'y séjourner la *majeure partie* de l'année, mais non d'une manière définitive.

Une personne peut donc avoir à la fois deux domiciles, ou un domicile avec un quasi-domicile : l'un et l'autre peuvent être distincts du lieu d'origine, et sont censés acquis dès qu'il est constant que quelqu'un séjourne de fait dans un lieu avec

l'intention d'y rester. (S. Office 7 juin 1867. Coll.
n. 1407.) [1]

c. Les publications doivent être faites là où se
trouvent les domiciles ou quasi-domiciles *actuels*;
et bien que le droit n'exige pas absolument qu'elles
soient faites aussi dans les lieux des domiciles ou quasi-
domiciles antérieurs, à moins qu'ils n'aient été aban-
donnés depuis un temps très court, il est cependant
opportun de les faire dans le lieu d'origine des futurs,
si ceux-ci y ont séjourné jusqu'après l'âge de puberté, ainsi que dans les endroits où ils auraient
habité au moins dix mois, s'il ne s'est pas écoulé
plusieurs années depuis qu'ils ont fixé leur domicile
au lieu où le mariage doit être célébré [2].

b. Est-elle obligatoire en pays de mission

95. Cette législation sur la publication des bans
est obligatoire en pays de mission, comme dans les
contrées de l'Europe ou les autres où existe l'orga-
nisation paroissiale proprement dite ; ainsi l'a décidé à plusieurs reprises le S. Office. (Voir Collect.
n. 1217-1224.)

Cela résulte d'ailleurs de la faculté concédée aux

---

[1] « Quapropter si legitime constet, vel ambos vel alte-
rutrum ex sponsis animum habere permanendi per majo-
rem anni partem, ex eo primum die quo hæc duo simul
concurrunt, nimirum et hujusmodi animus et actualis habi-
tatio, judicandum est quasi domicilium acquisitum fuisse. »

[2] « Publicationes faciendæ sunt in loco domicilii, vel
quasi domicilii. Expedit etiam, ut fiant in loco originis, si
contrahentes ibidem morati fuerint post adeptam ætatem
ad matrimonium contrahendum idoneam ; atque insuper
in locis ubi saltem per decem menses commorati fuerint,
nisi jam a pluribus annis domicilium fixerint in loco, ubi
matrimonium contrahendum est. » (S. Off. 22 Aug. 1890.
Collect. n. 1376.)

chefs de missions d'accorder dispense de cette publication : le pouvoir de dispenser de la loi supposant nécessairement l'existence de celle-ci.

On ne doit pas non plus les omettre, à moins de dispense, même pour le mariage des esclaves. (S. C. de la Prop. 1 avril 1816. Collect. n. 1220.) [1]

Que s'il s'agit d'un mariage mixte, les proclamations peuvent être faites pourvu que dispense ait été accordée de l'empêchement de religion mixte ou de disparité de culte, mais on doit alors éviter de faire mention de la religion des futurs ; souvent, pour éviter toute surprise et tout scandale, il sera préférable, en pareil cas, d'accorder dispense des bans. (Saint-Office 4 juillet 1874. Collect. n. 1223.)

c. Dispense des bans

96. Dispense peut être accordée pour une, pour deux, ou même pour les trois publications ; mais il faut, pour cela, une raison sérieuse dont est juge celui qui a le pouvoir de dispenser.

Il va de soi que la dispense ne pourrait être accordée dans le cas où il y aurait un doute sérieux et positif de l'existence de quelque empêchement.

Mais, si l'on a la certitude morale qu'aucun empêchement n'existe, il suffit, pour légitimer la dispense, que les futurs le demandent.

Dans les circonstances ordinaires, où sans avoir la certitude positive de l'absence de tout empêchement, on n'a pas non plus de raisons sérieuses d'en douter, il faut une cause légitime autre que la demande pour que la dispense soit licitement accordée [2].

---

[1] « An banna seu proclamationes antenuptiales etiam servanda sint in matrimoniis servorum seu mancipiorum. R. Affirmative, nisi accesserit dispensatio Episcopi. »

[2] Gasparri. n. 185, ss.

CHAPITRE II

NÉOPHYTE CONTINUANT L'UNION CONTRACTÉE DANS L'INFIDÉLITÉ

Deux situations bien différentes peuvent se présenter pour ce néophyte selon que son conjoint s'est converti, lui aussi, ou est resté dans l'infidélité.

Article I

Lorsque les deux époux sont convertis

97. Lorsque deux époux mariés dans l'infidélité se convertissent ensemble, ou que du moins le second reçoit le baptême avant que le premier ait dissous le mariage en usant du privilège paulin, il faut s'assurer avant tout de la légitimité de leur union.

L'enquête à faire pour cela ne doit porter que sur les empêchements de droit divin et de droit civil, s'il en existe dans le pays, et non point sur ceux de droit ecclésiastique qui ne peuvent atteindre un mariage contracté dans l'infidélité.

Cette enquête peut aboutir à une triple conclusion :

1. Ou que le mariage est certainement valide ;
2. Ou qu'il est douteux ;
3. Ou qu'il est certainement nul.

§ 1.　Si le mariage est certainement valide

98.　Si le mariage est certainement valide, le baptême des deux époux l'a rendu définitivement indissoluble, et les deux conjoints ne peuvent songer à un nouveau mariage, tant que l'un et l'autre seront vivants.

Ils doivent donc continuer la vie commune, sans qu'il soit tenu aucun compte des empêchements de droit ecclésiastique qui ne les atteignaient pas au moment où ils ont validement contracté dans l'infidélité [1].

C'est ainsi, par exemple, que le mariage subsisterait malgré l'empêchement d'affinité au premier degré, pourvu qu'il eût été contracté, comme on le suppose, avant le baptême des conjoints [2].

En cas de discorde dans le ménage, on pourrait recourir, il est vrai, à la séparation *quoad torum* et *habitationem*, mais le lien subsistant, les époux séparés devraient vivre dans la continence.

Il est bien clair que ces nouveaux chrétiens légi-

---

[1] « Qui enim Ecclesiæ legibus non ligati, ut infideles, valide contraxerunt, opus non habent, neque postquam ad fidem conversi fuerint, dispensatione ut in contracto matrimonio remanere possint, quia quod validum fuit initio revalidatione non indiget. » (S. Off. 16 sept. 1824. Collect. n. 1463.)

[2] « Affinitatem quæ in infidelitate naturaliter contrahitur ex copula tum licita, tum illicita, non esse impedimentum pro matrimoniis quæ in infidelitate ineuntur : evadere tamen impedimentum pro matrimoniis quæ ineuntur post baptismum, quo suscepto, infideles fiunt Ecclesiæ subditi, ejusque proinde legibus subjecti. » (S. Off. 26. Aug. 1891. Collect. n. 1247. Voir aussi n. 1235, Ad 2.)

timement unis avant leur baptême n'ont pas à renouveler le consentement au mariage, car loin d'affaiblir les liens antérieurs, le baptême ne peut que les rendre plus fermes.

§ 2.   Si le mariage est douteux

99. Si l'enquête amène à conclure que le mariage est douteux, il faut en règle générale tenir pour la *validité*, en vertu du principe bien connu : « *In dubio standum est pro valore matrimonii.* »

Cependant ce principe n'est pas si absolu qu'on doive l'appliquer à tous les cas sans discernement, et comme certaines exceptions s'imposent, il est utile de préciser un peu plus en examinant les diverses espèces de doutes qui peuvent surgir.

a.   Differentes espèces de doutes

Le doute peut porter, en effet :

1. Ou sur le consentement lui-même, de telle sorte qu'on se demande sans pouvoir répondre absolument : y a-t-il eu jamais dans ce cas un véritable consentement au mariage proprement dit ?

2. Il peut porter sur l'existence d'un empêchement qui aurait annulé le mariage, si de fait il existait certainement ;

3. Enfin il peut se fonder sur la controverse entre théologiens qui se demandent, sans trancher définitivement le débat, si tel degré de parenté existant certainement entre les époux constitue un empêchement de droit de *divin* ou seulement de droit *ecclésiastique*.

Ces différentes espèces de doutes peuvent être *positifs* ou *négatifs* c'est-à-dire être sérieusement fondés ou ne reposer sur aucun motif sérieux. Il ne peut être question ici que du doute *positif* ou reposant sur de sérieuses raisons, car le doute *négatif* n'ayant aucune valeur ne peut nullement être invoqué contre la validité du mariage et doit être tenu pour non avenu.

b. Doute sur le consentement

1. Présomption en faveur de la validité

100. Si le doute porte sur le seul consentement à un vrai mariage, et pourvu qu'aucun autre obstacle ne s'oppose à la validité, il faut régulièrement tenir l'union pour *valide* lorsque la présomption est en sa faveur, c'est-à-dire lorsque le mariage a été conclu selon les formes usitées pour le vrai mariage, et est de bonne foi réputé valide par les époux et par l'opinion publique.

Dans cette hypothèse, en effet, le lien possède et ne peut être dépossédé sans preuve du contraire.

On ne peut donc dans ce cas séparer les deux époux, au moins dans les circonstances ordinaires, mais il faut leur faire renouveler le consentement, si la chose peut être obtenue sans difficulté sérieuse, ou les laisser dans la bonne foi, si on redoute de graves inconvénients en leur demandant cette rénovation.

C'est là la doctrine commune que fait sienne le S. Office dans une Instruction du 18 décembre 1872, et qu'il déclare applicable aussi bien aux mariages douteux entre catholiques qu'aux mariages douteux contractés dans l'infidélité. (Collect. n. 1300. p. 444.)

Le fait pour les époux d'avoir reçu la bénédiction nuptiale après le baptême, même sans rénovation du consentement, et la cohabitation continuée ensuite avec la persuasion que leur union était ratifiée par l'Église, suffit régulièrement pour rendre le mariage certain de douteux qn'il était auparavant. (ibid. *ad quintum.*) [1]

2. Présomption contre la validité

101. Si la présomption était contre la validité du mariage, soit parce que les époux ne se tiendraient pas eux-mêmes pour vraiment mariés, soit parce que dans l'opinion publique leur union passerait pour un pur concubinage, soit encore parce que la manière dont sont conclus les mariages dans la région et les idées peu justes qu'on s'en fait rendent toutes les unions fort suspectes de nullité, le jugement à porter devra s'inspirer des circonstances.

a. Il n'y a aucune difficulté à régulariser la situation lorsque l'un et l'autre des époux consentent à rester ensemble, ce qui peut d'ailleurs être pour eux un devoir, si leur bien spirituel, celui de leurs enfants, ou même un scandale à éviter demandent que l'union soit rendue définitivement valide.

Pourvu d'ailleurs qu'aucun autre empêchement ne s'oppose à la validité, il suffit de faire renouveler le consentement en donnant la bénédiction nuptiale aux époux, pour que tout doute disparaisse. Mais aussi la rénovation du consentement est indispensable pour rendre certainement valide l'union jusque là douteuse.

----

[1] « Juxta exposita regulariter tenendum est matrimonium factum esse certum. » (Collect. p. 445.)

Si des empêchements de droit ecclésiastique existaient entre les deux époux, il faudrait leur en accorder dispense *ad cautelam* avant la rénovation du consentement, puisqu'ils sont soumis désormais aux lois de l'Église sur le mariage.

b. Mais il peut très bien se faire, et le cas se présentera sans doute assez souvent, que les époux dont il s'agit refusent de renouveler le consentement qui rendrait valide leur mariage douteux, ou qu'ils se trouvent dans une situation telle qu'il leur soit moralement impossible de vivre ensemble, ou qu'enfin ils aient, l'un ou l'autre, la volonté arrêtée de contracter une nouvelle union en renonçant à la première, quoique celle-ci soit *peut-être* valide.

C'est dans ces sortes de circonstances qu'il y a lieu de se rappeler que le principe : *in dubio standum est pro validitate matrimonii*, n'est pas si absolu qu'il n'admette aucune exception, et que souvent au contraire il doit céder devant un autre principe spécial en cette matière : *in dubio in favorem fidei pronunciandum est*.

102. Mais pour procéder avec ordre, et bien se rendre compte des circonstances dans lesquelles le second principe doit l'emporter sur le premier et réciproquement, il est indispensable de distinguer deux situations bien différentes, car,

Ou bien il s'agit d'époux qui ont renouvelé le consentement après le baptême du premier converti, ou qui du moins ont continué à cohabiter plus ou moins longtemps après ce baptême, et dont la situation reste cependant douteuse au moment de la conversion et du baptême du second ;

Ou bien il s'agit d'époux qui veulent être baptisés en même temps, ou dont l'un déjà baptisé est resté depuis son baptême séparé du second avec lequel il n'a pas renouvelé le consentement, et qui à son tour veut être baptisé.

Il sera question à l'article suivant de la situation, d'ailleurs assez différente des deux qui précèdent, d'un converti lié par un mariage douteux avec un infidèle qui reste dans l'infidélité.

1. Dans la première des situations à examiner ici, c'est-à-dire celle dans laquelle le mariage a reçu une apparence de plus de validité par la rénovation du consentement ou par la cohabitation des époux après le baptême du premier converti, une enquête plus approfondie s'impose, et si après cette nouvelle enquête le doute persévère, la cause devra être renvoyée à Rome avec tous les détails et les circonstances du procès.

En attendant les époux devraient être séparés s'ils ne sont pas de bonne foi, ou si leur cohabitation devait causer un grave scandale.

Cette solution résulte de l'Instruction du S. Office déjà citée, surtout de la réponse à la quatrième et à la sixième questions, où ce renvoi à Rome est exigé lorsque le consentement a été renouvelé après le baptême du premier converti, ou lorsqu'il y a eu cohabitation dans les mêmes circonstances [1], sans que le doute ait pour cela disparu.

Il va de soi que ces sortes de situations se présenteront rarement, si on a soin, au moment du

---

[1] « Facienda esse acta opportuna...., iisque peractis deferenda res erit ad Sedem Apostolicam cum fideli, ac plena relatione singulorum circumstantiarum, nec non actorum, quæ facta sunt, et in specie exponendum erit, quæ sit ac fuerit fama publica circa ejusmodi conjunctionem, sive matrimonium. » (Collect. n. 1300, ad 4ᵐ et 6ᵐ.)

baptême du premier converti, de régulariser son union selon les prescriptions de l'Église.

2. Dans le second cas, c'est-à-dire lorsqu'il s'agit de régulariser la situation matrimoniale d'un nouveau converti au moment de son baptême, alors que son conjoint veut également se convertir, ou même s'est déjà converti, sans avoir toutefois cohabité ou renouvelé le consentement avec lui depuis son baptême, il y aura lieu souvent de recourir au principe: que le *doute* fondé et persistant après une sérieuse enquête, doit être tranché *en faveur de la foi*, et de permettre un nouveau mariage avec une personne catholique, lorsque les époux douteusement unis ne peuvent ou ne veulent pas rendre leur union certainem ent valide [1].

On pourra y recourir généralement dans tous les cas où un polygame désireux de se convertir, ne peut ou ne veut pas garder sa première épouse lorsque son mariage avec elle est sérieusement douteux, et lui permettre de s'unir à celle qu'il choisira parmi ses autres femmes, pourvu que celle-ci soit baptisée [2], ou même à une catholique quelconque [3].

On pourra y recourir encore dans le cas où le

---

[1] « Si vero pars una convertatur post conversionem alterius, et examinato casu particulari, supersit dubium, stet pro nullitate matrimonii in favorem Fidei. » (S. Off. 18 mai 1892. Collect. n. 2184.)

[2] « Ubi vero converti nolint, vel serio dubitatur de validitate matrimonii cum prima, poterunt quamlibet ducere, dummodo sit baptizata, renovato consensu. » (S. Off. 18 mai 1892. Collect. n. 2185.)

[3] « Vel etiam posse quamcumque aliam eligere mulierem eadem servata conditione (c'est-à-dire) dummodo et ea ad christianam religionem convertatur. » (S. Off. 8 juin 1836. Collect. n. 1332.)

premier converti serait *hérétique* ou *apostat*, parce que la foi du néophyte serait certainement en danger, s'il était obligé de retourner à sa première union douteuse.

103. Il y aura lieu encore de recourir au même principe toutes les fois que le nouveau converti se trouve dans *l'impossibilité morale* de revenir à son premier conjoint baptisé, soit parce qu'il ne peut pas rompre une nouvelle union intervenue depuis et qui va être revalidée par le mutuel consentement et le baptême des deux derniers époux, soit parce qu'il éprouve une répugnance invincible à revenir à son mariage douteux, au point qu'il renoncerait plutôt au baptême, soit encore parce qu'il ignore ce qu'est devenu son premier conjoint.

Dans ces cas et autres de même nature, le bien spirituel du nouveau converti exige bien qu'il recouvre sa liberté de contracter une nouvelle union chrétienne, et qu'il ne soit pas forcé à rester dans un lien précédent qui, probablement comme on le suppose, n'a jamais existé en droit.

A s'en tenir exclusivement aux termes des décisions du S. Office, il semblerait même que cette permission de convoler à de nouveaux liens pourrait être accordée à tout nouveau converti toutes les fois qu'un doute sérieux subsiste, après enquête sur le consentement donné par lui au mariage contracté dans l'infidélité, et que rien n'a rendu depuis sûrement valide.

Le S. Office dit, en effet : « S'il reste un doute sérieux sur la validité du premier mariage, il sera loisible au converti de prendre la femme qu'il voudra, pourvu que celle-ci soit chrétienne. » (Voir les textes cités ci-dessus).

Mais il ne faut pas oublier que ces réponses sont toutes relatives à des polygames qui se convertissent, et qui ne veulent point de la première épouse à laquelle il n'est pas certain qu'ils fussent validement unis.

On irait donc peut-être trop loin, si on voulait en tirer une règle générale applicable à toutes les situations, car, comme le déclare ailleurs le Saint-Office, « s'il est permis quelquefois de s'écarter du principe : *in dubio standum est pro validitate matrimonii*, surtout lorsque se pose la question de savoir si le mariage a jamais existé (comme il arrive souvent dans les unions entre infidèles) il ne faut cependant pas, même en pareille occurrence, se hâter de recourir au principe contraire, » c'est-à-dire : *in dubio standum est pro nullitate matrimonii*. (Coll. n. 1301-14.)

D'où il faut conclure que, sans de sérieuses raisons tirées du bien spirituel du néophyte, on ne peut, dans tous les cas de doute sur l'existence du consentement à un vrai mariage contracté dans l'infidélité, agir comme s'il était nul, et permettre toujours une nouvelle union aux époux qui se convertissent ensemble, ou dont l'un est déjà converti.

c.　Doute sur l'existence d'un empêchement

de droit divin

104. Si le doute porte sur l'existence même d'un empêchement de droit *divin* qui, s'il était dûment constaté entraînerait certainement la nullité du mariage, comme serait le doute sur l'existence d'un lien antérieur, sur la consanguinité ou 1er degré de la ligne directe, ou sur l'impuissance perpétuelle, il faut, en règle générale et en vertu du principe déjà invoqué, tenir pour la validité de l'union contractée, tant que l'existence de l'empêchement n'est pas démontrée.

Cependant quelques observations s'imposent ici sur chacun de ces trois empêchements.

1. Le S. Office indique à la règle générale une exception dont il faut tenir compte en pratique, lorsqu'il s'agit du doute *sur la mort d'un conjoint antérieur* avec lequel l'un des époux convertis était légitimement uni.

Dans ce cas, il faut s'assurer avant tout si le second mariage a été contracté et continué de bonne foi, c'est-à-dire si les conjoints étaient et sont encore persuadés de la mort de l'absent.

Si cette persuasion existe, et si par ailleurs la séparation des nouveaux convertis présente des inconvénients graves, on doit les laisser dans la bonne foi continuer à vivre ensemble.

Si, au contraire, ils sont de mauvaise foi, il faut les séparer et leur interdire tout nouveau mariage, jusqu'à ce que de nouvelles recherches aient donné la certitude morale du décès de l'absent.

Alors, 1° Si ce décès a eu lieu avant leur mariage, les époux doivent reprendre leur union, valide dans cette hypothèse ;

2° Si le décès est survenu après leur mariage, celui-ci étant invalide, ils restent libres de tout lien et peuvent, ou se marier entre eux, ou s'unir à un autre conjoint de leur choix.

Si la nouvelle enquête amenait à constater la survivance de l'absent, ils ne pourraient se marier, à moins que le cas ne comportât l'usage légitime

du privilège paulin. (S. Office 22 mars 1865, Coll.
n. 1369 ; voir aussi n. 1371.)

S'il était possible de faire usage du privilège paulin, les choses seraient grandement simplifiées par
la concession de la dispense de l'interpellation qui
permettrait aux nouveaux convertis de revalider
tout de suite leur union, supposé, bien entendu,
que cette dispense pût être accordée.

Que si le premier mariage était douteux, et si
l'enquête ne parvenait pas à résoudre ce doute, les
nouveaux convertis devraient être laissés de bonne
foi en possession de leur union actuelle, pourvu
qu'il n'y eût à cela aucun empêchement dont l'Église
ne dispense pas.

Dans les cas plus difficiles le recours au S. Siège
s'impose. (S. Off. 4 février 1891. Collect. n. 1304.)[1]

2. Si le doute porte sur la *consanguinité au premier degré de la ligne directe*, il semble que, malgré la règle générale donnée plus haut et appliquée
à ce cas par certains auteurs[2], on ne pourrait laisser ensemble les nouveaux convertis sur l'union
desquels planerait un tel doute sérieux, ou que du
moins il faudrait soumettre la cause au S. Siège.

En effet dans les feuilles de pouvoirs par lesquelles est accordée au Vic. Apost. la faculté de
dispenser du degré d'affinité licite ou illicite en
ligne directe, on trouve cette clause : « *dummodo
nullum subsit dubium, quod conjux possit esse*

---

[1] « In casibus autem difficilioribus, uti si, ex. gr. primæ
nuptiæ impotentiæ, aut vis et metus vitio laborent, res
referenda est ad S. Sedem, transmissis actis, et accurate
expositis omnibus casus adjunctis. »

[2] Gasparri, n. 263.

proles ab altero contrahentium genita, [1] » tant dans les mariages à contracter que dans ceux qui sont déjà conclus.

D'où on peut inférer que le doute sérieux, en pareil cas, devrait motiver la séparation des conjoints quand même ils seraient de bonne foi, en attendant la décision.

Cependant, si la bonne foi est entière et si aucun scandale n'est à craindre, parce que le doute sur ce premier degré de parenté reste secret, on ne saurait ce semble condamner celui qui s'autoriserait de l'opinion des auteurs et du principe sur lequel elle s'appuie, pour permettre aux époux de rester ensemble jusqu'à réception de la réponse.

En toute hypothèse on se trouverait ici en présence d'un de ces cas plus graves qui, d'après la décision déjà citée du 4 février 1891, doivent toujours être soumis au S. Siège.

3. Dans le doute sur *l'impuissance* absolue de l'un des époux, la règle générale trouve mieux son entière application, lorsque ce doute subsiste après enquête sérieuse, car le droit naturel au mariage possède ; il faudrait donc laisser les époux ensemble jusqu'à ce que la preuve de l'impuissance fut fournie.

d. Doute si l'empêchement est de droit naturel

105. Si l'empêchement existe certainement mais avec doute s'il est ou non de droit naturel, comme la consanguinité entre grand-père et petite fille, entre frère et sœur, on peut laisser les conjoints unis dans l'infidélité continuer à vivre dans cette union, s'ils y sont dans la bonne foi, si l'empêchement est occulte, et si la séparation ne peut avoir lieu sans

---

[1] Voir feuille Z, n. 5.

sérieuses difficultés, parce qu'il n'est pas certain que ce mariage soit nul.

Si cependant l'empêchement était public, surtout si la loi civile interdisait de tels mariages, il faudrait séparer les époux et en référer au Saint-Siège.

L'empêchement d'affinité même au premier degré de la ligne directe, comme entre beau-père et belle-fille, gendre et belle-mère, et vice versa, n'étant plus regardé comme provenant du droit naturel, (voir n. 98, note 2.) ne pourrait rendre douteux le mariage contracté dans l'infidélité que dans le cas où la loi civile interdirait de telles unions sous peine de nullité.

Pour les rendre stables, même dans ce dernier cas, après la conversion des conjoints, il suffirait d'accorder dispense de l'affinité et de faire renouveler le consentement.

§ 3.   Si le mariage est nul

106. Si l'enquête aboutissait à constater la nullité du mariage contracté dans l'infidélité, la séparation des deux conjoints deviendrait nécessaire jusqu'à la revalidation de leur union, si celle-ci est possible. (Voir pour cette revalidation le chapitre IV, art. II.)

Mais comme les époux sont désormais les sujets de l'Eglise, la revalidation ne pourrait se faire sans dispense des empêchements de droit ecclésiastique qui les atteindraient.

D'ailleurs, leur union étant nulle, ils peuvent se séparer et se marier chacun de son côté, à moins que des raisons extrinsèques, comme serait la naissance d'enfants issus de leur union, ne leur fassent un devoir de faire revalider leur mariage.

On verra plus loin, au chapitre VI, la procédure à suivre pour juger canoniquement de la nullité du mariage, et accorder aux conjoints illégitimement unis la déclaration officielle leur permettant de convoler à de nouveaux liens.

Article II

Lorsque l'un seulement des époux est converti

§ 1. Si le mariage est valide

107. Même lorsque la validité du mariage contracté dans l'infidélité est bien certaine; ou ne peut permettre au nouveau converti de rester avec son conjoint infidèle que si tout outrage à Dieu est écarté.

La S. C. de la Propagande a cependant toléré une exception à cette règle générale dans le cas où le nouveau converti ne pouvant rompre sans de très graves inconvénients, l'infidèle lui laisse toute liberté de pratiquer sa religion mais sans assurer la même faveur aux enfants. Le mariage peut être maintenu en pareille occurrence, mais à la condition que le néophyte fera son possible pour élever chrétiennement les enfants. (3 janv. 1777. Coll. n. 1265.)

Mais si rien ne s'oppose à ce que le converti reste avec l'infidèle qui donne toutes les garanties désirables; non seulement les époux *peuvent* continuer à vivre ensemble sans avoir à renouveler le consentement, puisque le mariage est valide, mais régulièrement ils le *doivent*. De sorte qu'on ne peut alors permettre au néophyte de se séparer de son conjoint encore infidèle, ni surtout l'y obliger, tant que la cohabitation reste vraiment pacifique[1].

Toutefois, le converti, ainsi qu'on l'a dit ailleurs, conserve le droit de recourir au privilège paulin, au cas où l'infidèle ne voudrait plus continuer à cohabiter pacifiquement, ou même différerait trop de se convertir.

§ 2. Si le mariage est douteux

a. Principes généraux

108. A plus forte raison faut-il exiger que tout outrage à Dieu soit écarté, avant de permettre au nouveau converti de rester avec son conjoint infidèle, lorsqu'un *doute sérieux* existe sur la validé du mariage.

Mais ce doute quelque sérieux qu'il soit, et tant qu'il reste une vraie probabilité en faveur du lien, ne peut être par lui seul un motif suffisant de séparer toujours le nouveau converti de son conjoint infidèle, surtout lorsque la présomption est en faveur de la validité.

Car, s'il y a lieu d'invoquer ici, et avec plus de raison encore que dans le cas où les deux époux se convertissent, le principe que dans le doute on doit toujours juger *en faveur de la foi*, il ne faut

---

[1] « Neque conjux ad fidem conversus cogendus est ut infidelem conjugem pacifice ac sine contumelia Creatoris cohabitare volentem deserat, nisi revera adsit perversionis periculum sive respective conjugis fidelis sive prolis. » (S. Off. 18 juin 1856. Collect. n. 1347.) (Voir aussi n. 1332, 1353, ad VII. etc.)

pas perdre de vue que le bien spirituel du nouveau converti peut demander, en certaines circonstances, qu'il reste avec l'époux infidèle, et que se prononcer alors pour la stabilité du lien, c'est juger en faveur de la foi.

Il n'en est pas moins vrai cependant, qu'en raison du danger inhérent aux unions entre fidèles et infidèles, il sera assez souvent prudent de prononcer pour la nullité, et de permettre au nouveau converti de s'unir à une personne chrétienne, surtout si la présomption est contre la validité, ou si de sérieuses raisons d'ordre privé ou public demandent la rupture.

Il appartient au supérieur ecclésiastique de voir ce que demandent à ce sujet les circonstances particulières dans lesquelles peut se trouver le nouveau converti, (Collect. n. 2183.), en tenant compte du plus ou moins de présomption qu'il y aurait en faveur du lien ou contre lui, et surtout de la nature de la cause qui rend le mariage douteux.

Quelques explications relatives aux différentes espèces de doutes qui peuvent se présenter feront mieux ressortir ces principes.

b. Doute sur un empêchement de droit naturel

109. Si le doute porte sur *l'existence* d'un empêchement de droit naturel, comme un lien antérieur, la consanguinité au 1er degré de la ligne directe, ou bien s'il y a certainement entre les deux conjoints une parenté telle qu'elle constitue probablement un empêchement de droit naturel, comme sont les autres degrés de la ligne *directe*, ou le premier degré de la ligne *collatérale*, il faut appliquer ici *a fortiori*, dans le sens de la prohibition, les conclusions déjà données pour ces mêmes cas lorsque les deux époux se convertissent. (Voir n. 101 et 102.)

c. Doute sur le consentement

110. Si le doute porte seulement sur le consentement à un vrai mariage, ou bien l'infidèle *consent* à le renouveler pour rendre l'union désormais certaine, ou il s'y *refuse*.

a. Si l'infidèle consent à renouveler le consentement et donne en même temps toutes les garanties exigées par l'Église pour autoriser le mariage entre fidèles et infidèles, on peut sans aucun doute permettre au nouveau converti de rendre son union certainement valide en renouvelant le consentement avec le conjoint resté dans l'infidélité.

On devrait même lui en faire un devoir, si son bien spirituel et celui des enfants étant mis hors de toute atteinte, il y avait espoir d'amener par ce moyen l'infidèle à la foi, sans que d'ailleurs il y eût à redouter aucun scandale pour le néophyte ou pour la communauté chrétienne.

Toutefois, comme le nouveau converti est désormais soumis aux lois de l'Église, s'il est déjà baptisé, il faudrait, avant de faire renouveler le consentement, accorder dispense *ad cautelam* de la disparité des cultes.

Mais si tout en consentant à renouveler le consentement, l'infidèle refuse les garanties exigées par l'Église pour la sauvegarde des intérêts spirituels du nouveau converti ou des enfants, il faut se prononcer pour la nullité en faveur de la foi, et permettre au néophyte de contracter, s'il veut, une nouvelle union chrétienne.

b. Si l'infidèle se refuse à renouveler le consentement parce qu'il veut conserver la liberté de se séparer du conjoint devenu chrétien, celui-ci peut fort bien de son côté se refuser à continuer une union douteuse, et on peut sans aucun doute conclure en sa faveur à la nullité, et lui permettre un nouveau mariage chrétien.

Les décisions du S. Office citées pour ces mêmes cas de doute à l'article précédent, (n. 110), s'appliquent ici *a fortiori*.

c. Mais, si tout en refusant de renouveler le consentement, l'infidèle laisse toute liberté au nouveau converti de pratiquer la religion et d'élever chrétiennement les enfants nés ou à naître de l'union, tandis que d'autre part, le nouveau converti croit de bonne foi son mariage valide, et se trouve par ailleurs dans l'impossibilité morale de rompre avec l'infidèle, il y a lieu de se prononcer en faveur du lien et de laisser le nouveau converti dans ce mariage douteux.

Ne pas se prononcer dans ce cas en faveur du lien, surtout si tout scandale est écarté, serait mettre l'époux ou l'épouse qui veut se convertir dans l'impossibilité d'embrasser la religion et les condamner à rester dans l'infidélité, alors que cependant la situation ne présente rien d'incompatible avec la profession sincère du christianisme.

Il faudrait donc, dans ces circonstances, accorder le baptême au nouveau converti, et le laisser dans son union douteuse, en lui demandant de faire son possible pour amener à la foi son conjoint infidèle. On lui insinuerait en même temps, mais avec une prudente réserve qui ne puisse compromettre en rien sa bonne foi en la validité du mariage, de profiter d'une occasion favorable pour renouveler le consentement avec son conjoint, s'il peut l'y amener. (S. Off. 18 décembre 1872. Collect. n. 1300-1301.)

Si même il y avait de sérieux inconvénients à insinuer la rénovation du consentement, il faudrait n'en pas parler, laisser le nouveau converti dans sa bonne foi, et lui recommander seulement de faire son possible pour amener la conversion de l'infidèle. (Ibid.)

d. Doute provenant des lois civiles

111. Si le doute provenait de ce que la loi civile interdit certaines unions sous peine de nullité, l'affinité, par exemple, au 1er degré, il suffirait de faire renouveler le consentement en accordant dispense à la fois et de l'affinité et de la disparité des cultes, au cas où de graves raisons demanderaient que les époux ne soient pas séparés; on devrait même les laisser dans la bonne foi sans rien dire, si on redoutait des inconvénients graves[1].

§ 3. Si le mariage est nul

112. Si l'enquête fait conclure à la nullité du mariage, il n'y a qu'à suivre les règles données au chapitre suivant, article 2me sur le mariage entre un catholique et un infidèle.

---

[1] « Prævia dispensatione ab impedimentis disparitatis cultus et primi affinitatis gradus, per facultates quibus missionarii gaudent, consensum esse renovandum; quod si superventura mala deprehendantur, relinquendos esse in bona fide. » (S. Off. 20 septembre 1854. Collect. n. 1239.)

CHAPITRE III

MARIAGE D'UN NÉOPHYTE
LIBRE DE TOUT LIEN

Un néophyte libre de tout lien peut vouloir contracter mariage :

1. Avec une personne fidèle ;
2. Ou avec une personne infidèle ;
3. Ou avec une personne hérétique ; ce sont là trois situations bien différentes sur lesquelles il faut dire successivement quelques mots.

———

Article I

Mariage d'un néophyte
avec un autre néophyte

§ 1. Observations générales

113. Le néophyte voulant contracter mariage avec une personne néophyte comme lui, se trouve dans les conditions ordinaires, dès lors que ni lui, ni la personne à laquelle il veut s'unir, ne sont empêchés par aucun lien antérieur ; il n'y a donc qu'à suivre pour eux les règles communes, tant pour la recherche des empêchements que pour les publications à faire.

Il en serait de même pour le néophyte qui userait légitimement du privilège paulin, puisque l'usage légitime de ce privilège lui donne le droit de contracter une nouvelle union chrétienne, comme s'il n'était tenu par aucun lien.

Il est bon cependant d'ajouter ici quelques observations importantes.

1. La recherche des empêchements de consanguinité et d'affinité peut présenter, en pays de mission, de plus sérieuses difficultés qu'ailleurs, en raison de la licence des mœurs qui crée presque fatalement des liens de parenté licite ou illicite beaucoup plus fréquents que dans les pays chrétiens, et qui, même lorsqu'ils constituent des empêchements de droit ecclésiastique seulement, atteignent les nouveaux convertis dès qu'ils ont reçu le baptême.

Il est par suite nécessaire de mener avec beaucoup de soin et de prudence l'enquête à faire à ce sujet, sans toutefois se laisser aller à des craintes exagérées dès qu'on a fait ce qu'il est moralement possible de faire. (S. Off. 14 décembre 1865, ad 3. Collect. n. 1241.) [1]

2. L'empêchement d'honnêteté publique résultant d'un mariage contracté dans l'infidélité, mais non consommé, ou des fiançailles, conclues avant le baptême, n'atteint pas l'infidèle après sa conversion, ainsi que la décidé le S. Office le 19 avril 1837[2].

---

[1] « Non esse cur missionarii tanta anxietate laborent de impedimentis ob consanguinitatem vel affinitatem ecclesiastico jure inductis, quæ post diligentem inquisitionem ignota remanere possunt. »

[2] « Matrimonium ratum non consummatum paganorum producitne honestatem publicam, vel censeturne impedi-

On peut ce semble conclure de là a *fortiori* que l'empêchement prohibant provenant des fiançailles entre infidèles, ne subsiste pas non plus après le baptême; la décision d'ailleurs ne distingue pas, comme on peut le voir, entre l'empêchement dirimant des fiançailles et le prohibant, et déclare sans restriction que l'empêchement ne subsiste plus.

3. L'empêchement du crime n'existe pas et ne peut par conséquent s'opposer à un légitime mariage, lorsque le crime a été commis avant le baptême, quand même le conjoint victime aurait été mis à mort en vue de la future union. (Prop. 23 août 1852, Collect. n. 1256.)

Mais si l'un des complices était déjà chrétien, l'empêchement existerait. (ibid.)

4. A noter aussi que les fiançailles entre un chrétien et un infidèle quoique catéchumène, doivent être tenues régulièrement pour *nulles*, parce qu'elles sont la promesse d'une chose illicite, le mariage ne pouvant avoir lieu sans dispense entre chrétien et infidèle.

Elles seraient cependant valides d'après S. Thomas, si la promesse de mariage était conditionnelle, c'est-à-dire faite avec la clause que l'union serait conclue seulement après la conversion de l'infidèle[1].

5. Il ne sera pas inutile de noter encore que l'ancienne jurisprudence en vigueur partout où le décret *Tametsi* sur la clandestinité n'était pas promulgué, et en vertu de laquelle les fiançailles *certaines* et *légitimes*, devenaient un vrai mariage,

---

mentum dirimens post eorum conversionem ? . . . Idemque estne de sponsalibus paganorum ac de matrimonio rato ? R. Impedimentum non subsistere. » (Collect. n. 1234.)

[1] Gasparri, ouvr. cité, n. 11.

aux yeux de l'Église tout au moins, dès que les fiancés avaient commerce entre eux comme mari et femme, a été abrogée par la Constitution *Consensus mutuus* de Léon XIII, 15 fév. 1892. (Coll. n. 2179.)

Le fait donc d'avoir commerce entre eux ne peut plus désormais, par lui seul, unir définitivement les fiancés en un légitime mariage, et le juge ecclésiastique ne peut, en pareil cas, que se prononcer pour la *nullité*, si une cause de cette nature est déférée à son tribunal.

Il suffit pour le moment des quelques observations qui précèdent: on verra plus loin, au chapitre IV, la ligne de conduite à suivre lorsqu'on découvre un empêchement au mariage.

§ 2.　Age canonique

114.　On a vu plus haut qu'au seul point de vue du droit naturel il suffit, pour la validité du mariage, que les époux aient atteint l'âge de raison, et consentent véritablement à s'unir ensemble.

Mais il n'en est pas de même au point de vue canonique, et on sait que l'Église a prohibé, sous peine de *nullité*, le mariage d'un jeune homme avant l'âge de *quatorze ans* révolus, et celui d'une jeune fille avant l'âge de *douze ans* également révolus, à moins que, pour l'un comme pour l'autre, *la malice ne supplée* l'âge, c'est-à-dire, à moins qu'ils ne soient aptes, avant d'avoir atteint l'âge exigé, à consommer l'union matrimoniale.

Encore faut-il, dans ce dernier cas, que l'Évêque délivre à l'intéressé une déclaration qui constate son aptitude à contracter mariage avant l'âge fixé par la loi de l'Église.

a. Nécessité de constater l'âge canonique

115. De ce simple exposé découle la conclusion que le missionnaire ne peut permettre le mariage entre néophytes, avant de s'être assuré de leur aptitude à le contracter, soit parce qu'ils ont certainement atteint la limite d'âge fixée par l'Église, soit parce que l'Ordinaire aura constaté et déclaré qu'ils sont nubiles bien qu'ils n'aient pas atteint l'âge canonique, ou du moins bien qu'on ignore s'ils l'ont atteint ou non.

L'âge canonique doit être compté du jour au jour, c'est-à-dire du jour de la naissance à celui du mariage, de telle sorte que les quatorze ans pour les hommes et les douze ans pour les femmes soient absolument révolus, sous peine de nullité.

Or, si cette constatation de l'âge des futurs est généralement facile dans les pays civilisés, où les registres des naissances auxquels on peut toujours recourir sont exactement tenus, il n'en est pas de même dans les pays où ces registres sont absolument inusités et ne sont suppléés par rien.

Il sera souvent impossible, en pareil cas, de constater l'âge des futurs non seulement à un jour près, mais quelquefois à une ou même à plusieurs années près. D'où peuvent résulter, en certaines circonstances, des difficultés pratiques qu'il est bon de prévoir et de prévenir autant que faire se peut.

b. Comment faut-il procéder
lorsqu'on ne peut constater l'âge ?

116. a. Consulté pour savoir si on *peut* et on *doit* se fier aux apparences extérieures qui dénotent ordinairement la puberté chez les jeunes filles, lorsqu'il est impossible de constater autrement leur âge, le S. Office a répondu affirmativement.

Mais il a déclaré en même temps que les missionnaires ne devaient leur permettre le mariage, en pareil cas, qu'après que l'Ordinaire ou le Vicaire Apostolique aurait reconnu, d'après des indices pouvant motiver un jugement prudent, qu'elles étaient nubiles, et déclaré, en conséquence, que pour elles la malice supplée l'âge[1].

b. Cette déclaration de l'Ordinaire sans laquelle le S. Office défend au missionnaire de procéder au mariage, suppose évidemment une enquête destinée à faire disparaître tout doute sérieux sur le manque d'aptitude de la personne à contracter mariage.

Il n'est nullement requis toutefois que cette enquête revête la forme judiciaire; il suffit qu'elle soit faite quel qu'en soit le mode, et qu'elle aboutisse à fournir des indices sérieux sur la capacité canonique de la personne à contracter validement.

Dans le cas où aucun indice sérieux ne permettrait de conclure que la personne est nubile, ou qu'en elle *la malice supplée l'âge,* l'Ordinaire ne pourrait pas délivrer la déclaration permettant de procéder au mariage. Il faudrait, en pareille occurrence, pour que le mariage pût être licitement et validement conclu, une dispense régulière obtenue du Saint-Siège.

---

[1] « Ad 1. Affirmative et ad mentem. Mens est ut missionarii puellas, de quibus in casu, ad matrimonium non admittant, nisi postquam Ordinarius vel Vicarius Apostolicus ex prudenti indicio compertum habeat eas nubiles existere, ac proinde malitiam in illis ætatem supplere declaret. » (18 mars 1903.)

c. Comme la déclaration de l'Ordinaire a pour objet de remplacer les indications précises qu'on ne peut avoir sur l'âge de la personne, ou de constater officiellement qu'en elle *la malice supplée l'âge*, il paraît bien évident qu'elle n'est plus requise lorsqu'il est certain par ailleurs que la personne a sûrement l'âge canonique de puberté, bien qu'on ne connaisse pas la date de sa naissance.

Dès lors, en effet, que la loi canonique sur l'âge des futurs est certainement à l'abri de toute violation, il n'y a plus de raison d'attendre une déclaration qui a précisément pour but de prévenir et d'empêcher toute atteinte à cette loi.

Cette déclaration n'est donc nécessaire que dans les cas où il y aurait un certain doute sur l'âge canonique des futurs ou de l'un d'entre eux, car ce qui est dit ici de la femme s'applique aussi à l'homme.

d. Il ne sera pas inutile de remarquer ici que la loi canonique sur l'âge où un chrétien peut légitimement contracter mariage ne concernant pas les infidèles, une union conclue entre un chrétien *nubile* et une païenne *non nubile* sera valide, à ne considérer que l'âge, pourvu que cette dernière ait l'usage de la raison et donne librement son consentement, après dispense de la disparité des cultes.

Il va sans dire que malgré la validité du mariage, la cohabitation ne peut être permise, en pareil cas, jusqu'à ce que la femme soit devenue vraiment apte à consommer l'union.

Mais, si le mariage d'un chrétien *nubile* avec une païenne *non nubile* peut être valide, à ne considérer que l'empêchement de l'âge, il n'en serait plus de même dans le cas où un païen *nubile* s'unirait à une chrétienne *non nubile*, car cette chrétienne étant soumise à la loi canonique de l'âge, elle ne peut contracter validement sans une dispense expresse.

c. Conduite à suivre
lorsqu'un mariage chrétien a été contracté
sans qu'on eût les garanties suffisantes
sur la puberté de l'un des conjoints

117. Ce qui précède indique la ligne de conduite à suivre pour un mariage à *contracter*, lorsque il n'y a pas certitude sur l'âge canonique des futurs.

Mais si par hasard une union avait été contractée sans que les règles prescrites pour en assurer la validité, au point de vue de l'âge canonique, eussent été observées, quelle serait la ligne de conduite à suivre ?

a. Consulté pour savoir si une union contractée entre chrétiens, dont le mari est certainement nubile, tandis que la femme dont l'âge est inconnu ne présente pas les signes extérieurs de la puberté, devait ou pouvait être considérée comme invalide, ou au moins comme douteuse, *defectu ætatis*, le S. Office a répondu *négativement* et prescrit une enquête et un procès canonique devant le Vicaire Apostolique.

Si de ce procès résulte la preuve formelle que la personne en question n'avait pas atteint l'âge de douze ans, lorsque l'union a été conclue, et qu'en elle la malice ne suppléait pas l'âge, le mariage sera déclaré invalide. Mais si cette preuve ne peut être fournie, le mariage devra être tenu pour valide à ne considérer toujours que l'empêchement de l'âge[1].

b. Il faut bien remarquer que pour prononcer la nullité du mariage conclu, *defectu ætatis,* il est requis qu'il soit prouvé à la fois, et que la personne n'avait pas atteint l'âge canonique, et qu'en elle la malice ne suppléait pas l'âge.

De sorte que si le procès aboutissait seulement à prouver l'une de ces deux choses sans mettre l'autre hors de doute, il faudrait tenir le mariage pour valide.

La raison en est qu'ici le lien possède jusqu'à preuve du contraire.

Or le fait de prouver que la personne n'avait pas encore douze ans ne permet pas de conclure qu'en elle *la malice ne suppléait pas l'âge,* pas plus que le fait constaté de l'incapacité à consommer l'union, ne permet de conclure avec certitude qu'elle n'avait pas complété sa douzième année.

c. Un moyen bien simple de couper court à toute difficulté est de s'en tenir exactement, comme cela est obligatoire, aux règles prescrites pour l'Église pour assurer, avant le fait, la validité du mariage, ainsi qu'il a été dit au n. 116.

---

[1] « Ad 2. Ut proponitur, negative. Ideoque, si aliquis hujus generis matrimonii casus Missionariis occurrerit, illud nullum nequaquam declaretur, nisi prius a Vicario Apostolico, confecto processu, indubiis probationibus, puellam de qua agitatur quæstio, ante duodecimum ætatis suæ annum, jugali vinculo fuisse sociatam, et in ea, tempore quo nuptui data fuit, revera malitiam non supplevisse ætatem, certo constet. » (18 mars 1903.)

d. Conduite à tenir lorsque les infidèles mariés avant l'âge de puberté se convertissent

118. Aucune autre condition que le discernement suffisant n'étant requise pour les infidèles, au point de vue de l'âge, leur mariage est valide, dès qu'ils consentent véritablement à s'unir après avoir atteint l'âge de raison, et pourvu qu'aucun empêchement de droit naturel ou divin ne mette obstacle à leur union.

Le mariage des enfants infidèles devra donc régulièrement être tenu pour valide, au point de vue de l'âge, tant qu'il ne sera pas prouvé qu'ils étaient incapables de consentement, ou que de fait ils n'ont pas consenti librement à leur union [1].

a.　Si donc deux époux mariés dans ces conditions viennent à se convertir et sont baptisés en même temps, leur mariage ne pourra plus être dissous, ainsi qu'il a été dit au n. 108.

b.　Si l'un deux seulement se convertit, l'autre demeurant dans l'infidélité, le converti pourra user du privilège paulin, au conditions exposées dans la seconde partie de ce travail. (Coll. n. 1383. ad 2.)

c.　Si les jeunes époux validement mariés dans l'infidélité deviennent chrétiens avant d'avoir atteint l'âge de puberté, ils doivent être séparés *quoad thorum*, et même *quoad habitationem* si la prudence le permet, à moins qu'en eux la malice ne supplée

---

[1] « Aut. si de matrimonio ageretur quod a puella, antequam christianæ religioni nomen daret, fuit celebratum, nullum non pronuncietur, nisi prius Missionarii, iisdem supra notatis probationibus, certiores fiant, puellam illam, dum hujusmodi nuptias contraxit, non fuisse doli capacem. » (18 mars 1903.)

l'âge. Mais ils seront tenus à vivre ensemble dès qu'ils seront devenus aptes à consommer l'union[1].

Article II

Mariage entre chrétien et infidèle

119. Il ne s'agit plus ici du mariage contracté dans l'infidélité et dans lequel un néophyte voudrait rester après son baptême : c'est une situation déjà examinée dans le chapitre précédent.

Il est question pour le moment d'un mariage qu'un chrétien voudrait contracter avec une personne infidèle à laquelle il n'était pas lié avant son baptême, ou d'une union qu'il aurait contractée sans dispense de la disparité des cultes avec une personne encore infidèle.

§ 1. Observations préliminaires

a. Nullité en soi d'une telle union

120. En raison du grave danger de perversion que court souvent le chrétien uni à un infidèle, et de celui plus grand encore qui menace, au point de

---

[1] « Christianos impuberes, qui in infidelitate matrimonium contraxerunt, nisi in iisdem malitia, id est potentia, suppleat ætatem, separandos esse quoad thorum, et, si prudenter fieri poterit, a missionariis curandum ut etiam separentur quoad habitationem, injuncto tamen onere vivendi maritaliter cum ad ætatem pubertatis pervenerint, dummodo hujusmodi matrimonia non probentur irrita ob aliquod impedimentum juris naturalis vel divini, et præsertim ob defectum veri consensus. » (S. Off. 2 mai 1866. Collect. n. 1381.)

vue de la religion, les enfants à naître, l'Église a toujours professé une horreur profonde pour les mariages contractés entre un de ses enfants et une personne infidèle.

Il en est résulté une coutume ayant acquis force de loi universelle, en vertu de laquelle le mariage entre chrétien et infidèle est frappé de plein droit de nullité, lorsqu'il est contracté sans dispense légitime du Souverain Pontife.

Cet empêchement introduit par le *droit ecclésiastique* atteint les néophytes aussi bien que les anciens chrétiens, même lorsqu'il est invinciblement ignoré.

b. Exception possible

121. Quelques auteurs, entre autres Gasparri [1], ont cru pouvoir inférer d'une décision du S. Office du 4 juin 1851, que là où les chrétiens sont en très petit nombre et perdus au milieu des infidèles, dans une région éloignée, d'où il leur est impossible de demander dispense, l'empêchement cesse d'exister et de s'opposer à la valididé du mariage conclu entre un chrétien et un infidèle, parce que la loi de l'Église doit cesser devant le droit naturel au mariage.

Bien que le S. Office n'ait pas déclaré formellement que, dans ce cas, l'empêchement cesse d'exister, puisqu'il s'est contenté de répondre : « *In propositis circumstantiis non esse inquietandos, facto verbo cum SSmo. SSmus. approbavit* », les mots : *non esse inquietandos* pouvant très bien s'entendre dans ce sens, qu'on doit laisser les époux dans la bonne foi, quand même le mariage serait nul, on ne peut s'empêcher de trouver parfaitement soutenable l'inter-

---

[1] *Tract. Can. de matrimonio,* n. 623.

prétation de Gasparri, lorsqu'on rapproche la réponse de la question posée.

Après avoir, en effet, exposé le cas, le V. Apostolique de la Mandchourie demandait :

« *Quid juris in hoc casu. Teneturne impedimento disparitatis cultus ? Quid juris ubi fides eorum est in tuto, ut fit aliquando, et ubi sunt in bona fide, ut plurimum ?* » (Collect. n. 1275.)

Dès lors que la demande pose la question de *droit*, il paraît assez plausible d'entendre la réponse dans le même sens, et de conclure qu'elle signifie que la *loi* ou le *droit* n'a pas son application dans ces sortes de cas.

Quoiqu'il en soit de cette question dont l'application pratique est peu fréquente, parce que rarement le chrétien se trouve dans l'impossibilité de demander la dispense, il serait plus prudent, lorsque ces cas se présentent, d'accorder la dispense *ad cautelam* au fidèle qui a contracté mariage dans ces conditions, et, si rien n'y met obstacle, de faire renouveler le consentement, une fois la dispense accordée.

Si cette rénovation du consentement présentait des inconvénients graves, les époux devraient être laissés dans la bonne foi, ainsi qu'il sera dit plus loin.

c. Qui est atteint par cet empêchement

122. Quand il est question de l'empêchement dirimant de la disparité des cultes, le mot *chrétien* ne doit pas être pris exclusivement pour *catholique*, mais il s'applique à *tout baptisé* quel qu'il soit, catholique, schismatique ou hérétique, dès qu'il a reçu validement le baptême.

D'où il résulte que le mariage d'un baptisé, quel

qu'il soit, avec un infidèle, est nul, quand même ce baptisé serait schismatique ou hérétique, car en cela le schismatique et l'hérétique sont soumis à la loi de l'Église aussi bien que le catholique.

Sous le nom d'infidèle il faut entendre, par opposition, toute personne *non baptisée,* quelle qu'elle soit, païenne, musulmane, juive, et même hérétique non baptisée ou invalidement baptisée, que ce non baptisé soit instruit ou non de la religion chrétienne, peu importe.

De sorte que le mariage d'un fidèle avec un catéchumène serait nul, s'il était célébré sans dispense de la disparité des cultes, parce que le catéchumène n'est pas compris et ne peut pas l'être, tant qu'il n'a pas reçu le baptême, sous la dénomination de chrétien.

Deux situations différentes peuvent se présenter relativement à la question ici traitée, selon qu'il s'agit d'un mariage à conclure, ou d'un mariage déjà conclu sans la dispense nécessaire. Un mot sera dit sur chacune d'elles.

§ 2. Mariage à contracter

entre fidèle et infidèle

Ainsi qu'il vient d'être dit, le mariage contracté sans dispense de la disparité des cultes entre fidèle et infidèle est certainement invalide; il devient au contraire valide lorsque cette dispense est légitimement accordée.

Il faut donc exposer ici les conditions auxquelles cette dispense peut être donnée et les causes qui rendent légitime cette concession.

a. Conditions de la dispense

123. Or, si l'on se reporte aux feuilles de pouvoirs généralement délivrées aux Vicaires Apostoliques, on y voit que la faculté de dispenser de la disparité des cultes ne leur est accordée qu'aux conditions énumérées ci-après[1].

1. Que le catholique soit leur sujet

Ils ne peuvent user de ce pouvoir qu'envers leurs sujets, c'est-à-dire envers les *catholiques* soumis à leur juridiction, et ayant domicile ou quasi-domicile dans leur territoire.

2. Que les infidèles soient plus nombreux que les fidèles

124. Il faut, pour qu'ils puissent accorder la dispense, que, dans le *lieu* habité par celui à qui elle est concédée, les infidèles soient plus nombreux que les chrétiens.

Par *lieu* il faut entendre régulièrement le village, le bourg, la ville qu'habite le fidèle à qui dispense est accordée, et non point le district, la région.

C'est du moins ce qui ressort d'une décision de

---

[1] « Dispensandi cum suis subditis super disparitate cultus in matrimoniis sive contractis sive contrahendis, ubi sunt plures infideles quam christiani, gravibus tamen de causis, quatenus sine contumelia Creatoris id fieri possit, et dummodo cautum omnino sit conditionibus ab Ecclesia præscriptis, ac præsertim, de amovendo a conjuge catholico perversionis periculo, deque conversione conjugis infidelis pro viribus curanda, ac de universa prole utriusque sexus in Catholicæ Religionis sanctitate omnino educanda ; servata in reliquis adjecta Instructione typis impressa. » (Feuille Z.)

la S. C. de la Propagande du 14 janvier 1806, basée sur la jurisprudence constante des Cong. Romaines, et dans laquelle il est dit : « *Verba facultatis dispensandi in locis tantum ubi sunt plures infideles quam christiani intelligenda esse stricte pro singulis pagis.* » (Collect. n. 1270.)

Cependant pour parer aux inconvénients de cette interprétation stricte, la Propagande permet aux Vicaires Apostoliques de la Chine et des Indes d'étendre le sens de *lieu* au district.

Mais il faut bien remarquer que cette extension du sens du mot *lieu* est une concession particulière, et que, par conséquent, si on n'a pas obtenu une concession semblable, il faut s'en tenir à l'interprétation stricte, et n'accorder la dispense que lorsque la clause se vérifie pour le village, le bourg, la ville, habitée par le chrétien[1].

3. Qu'il y ait une grave raison

125. Il faut une raison *grave* pour que la dispense soit *validement* accordée, c'est-à-dire, une raison dont le poids soit tel qu'il contrebalance les inconvénients inséparables de telles unions, même lorsque toutes les garanties imposées existent, car il est moralement impossible de supprimer tout danger pour la partie fidèle et pour les enfants, et le droit naturel demande qu'on ne s'expose pas à ce péril sans motifs vraiment importants.

Aussi la S. C. de la Propagande déclare-t-elle que pour permettre aux fidèles de subir un tel danger, il faut qu'ils soient exposés, si ce mariage n'est

---

[1] Voir Gasparri, ouv. cité, n. 611.

pas permis moyennant la dispense, à souffrir quelque grave dommage qui ne puisse être autrement évité; « *grave aliquod incommodum cæteroquin haud devitandum immineat necesse est.* » (Lett. Enc. du 11 mars 1868. Collect. n. 1433.)

Mais où trouvera-t-on cette raison grave de dispenser de l'empêchement de la disparité des cultes ?

Il est difficile de donner en cela une règle générale applicable à tous les cas. Cependant, comme on doit suivre en ceci la pratique des Congrégations Romaines, il faut observer que pour les dispenses directement accordées par lui, le S. Siège n'admet guère comme *suffisantes* les causes tirées du seul avantage particulier du solliciteur comme sont :

L'*âge* un peu passé de la femme catholique ;

L'*étroitesse* du lieu ou la *modicité* de la dot ;

La cessation d'une discorde ; etc..

Pour s'en contenter pratiquement, il faudrait donc que certaines circonstances en augmentent la valeur.

Par contre, sont considérées comme causes suffisantes :

1. L'espérance probable que toute la famille du futur ou de la future infidèle sera, par ce moyen, conduite à la foi ;

2. L'espérance que les enfants nés à l'infidèle d'un mariage antérieur seront, comme conséquence de cette union, élevés dans la foi chrétienne que sans cela ils courraient le risque de ne pas embrasser ;

3. De graves scandales que ce mariage seul peut faire éviter ;

4. Le bien de la religion devant résulter de cette union ;

5. La promesse faite par l'infidèle et confirmée par écrit ou par serment de se convertir;

6. La difficulté de trouver un conjoint fidèle, dans un pays où les catholiques sont en très petit nombre[1].

On verra plus loin que pour valider un mariage déjà contracté, il y a d'autres causes de dispense qui ne s'appliquent pas au cas présentement examiné.

4. Que l'injure du Createur soit écartée

126. Il faut que dans cette union il n'y ait pas à redouter l'*injure du Créateur*, comme on l'a vu ailleurs pour l'usage du privilège paulin. (n. 55.)

Mais il faut que cette injure du Créateur soit écartée, non seulement de l'époux chrétien, mais encore, et des enfants à naître, et du conjoint infidèle lui-même, de telle sorte que « tout péril de perversion soit éloigné du conjoint fidèle, que l'éducation catholique des enfants à venir soit assurée, et qu'il y ait quelque espérance que le conjoint infidèle se convertira, afin que par là soit rendu plus éloigné le péril de perversion, et pour la partie fidèle et pour les enfants. » (S. C. de la Propagande, 13 sep. 1760. Collect. n. 1261.)

Celui qui accorde la dispense doit donc avoir la certitude morale que l'outrage de Dieu, dans le sens expliqué, sera suffisamment écarté, c'est-à-dire qu'il n'y a aucun danger *prochain* de l'outrage de Dieu dans l'union projetée.

Il est à peine besoin de remarquer que la dispense ne pourrait être accordée à la personne catholique,

---

[1] Voir Gasparri. n. 455.

s'il s'agissait pour elle de s'unir à un infidèle polygame, à moins que celui-ci ne renonçât auparavant
à toute union illégitime et ne s'engageât à vivre
avec cette seule épouse chrétienne. Tout danger de
polygamie doit donc être écarté avant que la dispense de la disparité des cultes soit accordée.
(S. Off. 11 juil. 1866. Collect. n. 1353, ad VI.)

5. Conditions à imposer pour cela

127. Or, on aura généralement la certitude morale voulue, lorsque les futurs prendront l'engagement ferme de se conformer en tout aux conditions
prescrites par l'Église, et toujours absolument exigées d'eux avant la concession de la dispense, parce
qu'elles sont fondées sur le droit naturel et sur le
droit positif divin.

Ces conditions sont :

1° Pour la partie *infidèle* : 1. Qu'elle s'engage
à laisser pleine et entière liberté à la partie fidèle
de pratiquer la religion catholique ;

2. Qu'elle laisse élever tous les enfants nés ou
à naître, même ceux qu'elle aurait eus d'un précédent mariage, dans la religion catholique.

2° Pour la partie *fidèle*, qu'elle promette d'élever les enfants dans la religion catholique, et de
faire son possible pour amener à la vraie religion
la partie infidèle [1].

---

[1] Voici ce qu'on lit dans l'Instruction de 1858 jointe à la
faculté de dispenser accordée aux Vic. Apostoliques :

« Expressa semper conditione de præmittendis necessariis
opportunisque cautionibus, ut scilicet non solum catholicus conjux ab acatholico perverti non posset, quin imo
catholicus ipse conjux teneri se sciret ad acatholicum pro
viribus ab errore retrahendum ; verum etiam ut universa

Cette double promesse toujours rigourousement exigée, même lorsque les lois civiles contiennent des prescriptions contraires, doit régulièrement être faite *par écrit*, devant l'Évêque ou son délégué, qui peuvent exiger de plus sa confirmation par serment, s'ils le jugent nécessaire pour obtenir la certitude morale de son accomplissement. (S. Off. 17 fév. 1875. Coll. n. 1437.)

On ne pourrait donc se contenter, au moins dans les circonstances ordinaires, en ce qui concerne l'engagement à prendre par la partie *infidèle*, de l'assertion faite par la partie catholique et même confirmée par serment, que l'autre partie s'est engagée vis-à-vis d'elle à accomplir toutes les conditions exigées.

Si cependant dans un cas extraordinaire, l'Évêque pouvait, en raison de circonstances spéciales, avoir la certitude morale que la promesse ainsi faite sera tenue, il lui serait loisible pour des motifs absolument graves, de ne pas l'exiger dans la forme ordinaire. (S. Off. 10 déc. 1902. Can. Cont. Année 1903, p. 464.)

Il n'est pas nécessaire que la promesse faite par la partie catholique de s'employer à la conversion de la partie infidèle soit faite en présence de celle-ci: il suffit qu'elle la fasse de vive voix et par écrit devant deux témoins. (S. Off. 29 nov. 1899. Can. Cont. Année 1901, p. 352.)

L'*essentiel* en tout cela est d'obtenir la certitude

---

utriusque sexus proles ex mixtis hisce matrimoniis procreanda, in sanctitate catholicæ religionis educari omnino deberet. Quæ quidem cautiones remitti, seu dispensari nunquam possunt, cum in ipsa naturali, ac divina lege fundentur... » (Collect. n. 1430.)

morale que les conditions exigées par l'Église seront accomplies, et par suite de prendre toutes les précautions voulues pour se donner cette certitude. (S. Office 17 février 1875. Collect. n. 1437.)

Au cas où il aurait la persuasion que les promesses ne sont pas faites sincèrement, il ne doit pas accorder la dispense. (S. Off. 16 avril 1879. Collect. n. 1439.)

6. Qu'on se conforme aux Instructions données

128. Enfin, il est ajouté dans la formule concédant la faculté de dispenser, qu'en outre des dispositions ou clauses jusqu'ici examinées, il faut se conformer pour tout le reste à l'Instruction annexée à la feuille de pouvoirs.

Or l'Instruction dont il s'agit est, d'après une note insérée dans les Collectanea P. F. p. 424, celle de 1858 déjà citée, et dont la Propagande exige rigoureusement l'application dans ses lettres encycliques du 11 mars 1868.

Cette Instruction adressée aux Évêques par ordre de Pie IX, est relative aux mariages mixtes, c'est-à-dire aux mariages contractés entre un catholique et un baptisé non catholique, mais elle est appliquée par la Propagande aux unions entre catholiques et infidèles, de sorte que les dispositions qu'elle renferme ont force de loi, aussi bien dans ces derniers cas que dans les premiers et pour les mêmes raisons.

D'ailleurs, en dehors des clauses et conditions déjà mentionnées, cette Instruction n'en renferme qu'une autre relative à la manière dont doivent être célébrés les mariages entre catholique et hérétique, ou entre catholique et infidèle, une fois la dispense légitimement accordée.

Il en sera question au chapitre V consacré à la bénédiction nuptiale.

b. Se montrer très difficile à accorder la dispense

1. Ne l'accorder que quand on ne peut faire autrement

129. La même Instruction insiste beaucoup et à plusieurs reprises, comme l'a d'ailleurs toujours fait l'Église qui abhorre ces sortes d'unions, pour que les fidèles en soient détournés autant que faire se peut.

La S. C. de la Propagande, dans les lettres par lesquelles elle presse la rigoureuse observation des règles prescrites à ce sujet, écrit ces paroles dignes de toute l'attention des missionnaires :

« *Quamobrem enixe peto a charitate tua, ut quantum cum Domino poteris, fideles tibi commissos a mixtis matrimoniis contrahendis arcere satagas atque contendas, quo gravissima, quæ in eis continentur, pericula præcaveantur ac devitentur.*» (Collect. n. 1433.)

On voit par là combien s'éloignerait de l'esprit de l'Église et manquerait par suite à son devoir de bon pasteur, le missionnaire qui, loin de s'opposer à ces mariages, les encouragerait ou les favoriserait de quelque manière.

Aussi le S. Office, après avoir qualifié ces mariages de détestables, « *matrimonia hujus generis semper esse detestanda,* » (Collect. n. 1525, ad 5), déclare que le missionnaire doit se montrer plus facile pour dispenser de la *consanguinité* ou de l'*affinité*, si par là il peut arriver à unir les catholiques entre eux, que pour dispenser de la disparité des cultes. (Collect. n, 1263. I.)[1]

Il faut en conclure aussi que la dispense de la disparité des cultes doit être accordée le plus rarement possible, car la donner trop facilement serait favoriser ces sortes d'unions, dont les fidèles doivent être détournés.

C'est pour cela sans doute que, tout en concédant aux Vicaires Apostoliques le pouvoir de dispenser, l'Église accompagne cette concession de toutes les clauses restrictives exposées ci-dessus.

D'une manière générale, et lorsque toutes les conditions se trouvent par ailleurs remplies, il y a moins d'inconvénients, en pays de mission, à accorder la dispense à l'homme chrétien qu'à la femme, le danger étant généralement plus grand pour celle-ci, et les enfants se trouvant de même plus exposés dans ce cas, à cause du peu de considération dont jouit la femme dans les pays infidèles.

2. Elle ne peut jamais être accordée à l'avance et en bloc

130. Dans tous les cas, il est expressément défendu d'accorder dispense à l'*avance et en bloc* pour les mariages à célébrer dans tel ou tel poste. (Coll. n. 1266.)[2] Il n'y aurait plus alors, en effet, l'assurance requise que toutes les conditions prescrites

---

[1] « Animadvertendum tamen est quod, cum missionarius habeat etiam facultatem dispensandi super impedimentis consanguinitatis et affinitatis, faciliorem se præbere debeat in hujusmodi dispensationibus concedendis, si hac ratione matrimonia inter catholicos jungi possunt, potiusquam in dandis dispensationibus super disparitate cultus. »

[2] « Excessisse missionarios et excedere in concedendis dispensationibus anticipativis et communibus absque nominatione personæ, eisdemque injungendum est deinceps

par l'Église seront gardées, comme cela est rigoureusement exigé.

Inutile d'observer que si la dispense de la disparité
des cultes doit être accordée rarement et à bon
escient, il y aurait faute grave à procéder sans dispense à un mariage entre fidèle et infidèle, ou même
simplement à le permettre si on pouvait l'empêcher.

Il y aurait là coopération à une union illégitime,
et la S. C. de la Propagande avait autrefois enjoint
aux Évêques et aux Vicaires Apostoliques de la Chine
de fulminer la *suspense* contre les missionnaires qui
tomberaient dans cette faute. (28 juillet 1760. Coll.
n. 1260.)

§ 3. Mariage
déjà contracté entre fidèle et infidèle
mais sans dispense

a. Nullité de cette union

131. Il peut arriver que, soit ignorance de la loi
de l'Église proscrivant sous peine de nullité le mariage entre fidèle et infidèle, soit éloignement de
tout centre de mission où dispense aurait pu être
demandée, soit tout autre motif, un chrétien ait de
fait contracté mariage avec un infidèle, sans avoir
auparavant obtenu dispense de la disparité des cultes.

Sauf peut-être le cas indiqué n. 121, un tel mariage est certainement nul[1] et il y a lieu de procéder à sa revalidation, si elle est possible.

---

se abstineant ab hisce dispensationibus concedendis, sub
nullitatis pœna. »

Les mariages contractés avec ces dispenses invalides sont
revalidés *in radice.* (ibid.)

[1] « Hæc S. C. et nominatim die 31 maii anni 1703, irrita

Pour permettre aux Vicaires Apostoliques de revalider ces sortes d'unions, le Saint-Siège joint ordinairement à la faculté de dispenser de la disparité des cultes dans les mariages à *contracter*, celle de dispenser aussi dans les mariages déjà *contractés*, comme on peut le voir dans la formule citée de la feuille Z.

Ceux qui auraient seulement la faculté de dispenser dans les mariages à contracter, ne pourraient point accorder dispense pour ceux qui sont déjà contractés, et réciproquement, car ce sont là deux facultés différentes qui ne se supposent nullement l'une l'autre.

b. Peut-elle ou non être revalidée ?

132. Si donc on se trouve en présence d'une union conclue sans dispense de la disparité des cultes, entre un catholique et un infidèle, il faut s'assurer tout d'abord si elle peut ou non être revalidée.

Elle ne pourrait pas l'être, si un empêchement de droit naturel indépendant de la volonté des conjoints et toujours existant, y mettait obstacle ; elle pourrait l'être, au contraire, s'il n'y avait aucun empêchement de cette nature dont l'Église ne puisse dispenser.

On verra plus loin, au chapitre 4^m, la conduite à tenir dans le cas où le mariage ne peut pas être revalidé ; il n'y a donc à examiner présentement que le second cas, c'est-à-dire celui où l'union peut être

---

declaravit matrimonia a catholicis cum infidelibus inita in *terra* et *more babarorun*, etsi lex aut consuetudo Ecclesiæ inducens impedimentum disparitatis cultus in illa regione sit invincibiliter ignota. » (S. Off. 9 décembre 1874. Collect. n. 1301-18.)

revalidée moyennant dispense de la disparité des cultes.

c. Dispense à accorder pour la revalider

1. Conditions de la dispense

133. Or la faculté de dispenser de la disparité des cultes pour les mariages déjà contractés, est accordée aux mêmes clauses et conditions que lorsqu'il s'agit des mariages à contracter, ainsi qu'il résulte de la formule citée plus haut de la feuille Z.

Il faut donc ne donner cette dispense que lorsque se vérifient, en effet, toutes les conditions énumérées n. 123 et suiv., mais en tenant compte des observations suivantes :

a. Les conditions exigées pour accorder la dispense doivent se vérifier, même s'il s'agit de revalider un mariage à l'article de la mort. (S. Off. 18 mars 1891. Collect. n. 2188.)

b. Aux causes de dispense indiquées il faut en ajouter deux applicables seulement aux mariages déjà contractés, et dont le S. Office a reconnu lui-même la valeur :

1. On peut dispenser lorsque de là séparation des conjoints résulteraient des inconvénients graves (Collect. n. 1263) [1];

---

[1] « 1. Ut eæ dispensationes non nisi vere catholicis indulgeantur, et ubi conjux in infidelitate remanens baptizari renuit.

« 2. Ut tunc solum concedantur, cum ex separatione gravia prævidentur incommoda secutura.

« 4. Ut in concessione conjugi catholico commendetur atque injungatur catholica quoque prolis educatio, et quod curare debeat, modo quo fieri poterit, conjugis infidelis conversionem.

2. Lorsque le salut du catholique engagé dans ce faux mariage demande que dispense soit accordée, surtout si des enfants sont déjà nés de cette union, ou si la séparation ne peut avoir lieu sans très graves difficultés. (Collect. n. 1258.)

c. A noter encore, au sujet des conditions à imposer aux conjoints, que, pour le mariage déjà contracté, le Saint-Office permet d'accorder la dispense, pourvu que la partie catholique, vraiment digne de ce nom, promette de pourvoir à l'éducation chrétienne des enfants, et de faire son possible pour convertir le conjoint infidèle, sans exiger de celui-ci aucune promesse formelle, lorsque, bien entendu, l'outrage de Dieu est, en fait, écarté de cette union. (Voir Coll. n. 1263-1273.)

d. Mais, il faut toujours faire connaître au conjoint catholique la nécessité de renouveler le consentement au mariage, une fois la dispense obtenue.

Toutefois pour éviter la persécution ou le scandale, il suffit que les époux le renouvellent entre eux et en leur particulier, après déclaration faite à la partie infidèle, lorsque cela peut se faire, de la nullité du premier mariage. (ib. 1263.)

2. Ne s'applique qu'à un mariage apparent

134. La faculté de dispenser de la disparité des cultes *in matrimoniis contractis* s'applique aux

---

« 5. Ut easdem dispensationes impetrantes instruantur super necessaria renovatione consensus quæ ad persecutiones et ad scandala declinanda, sat erit ut inter solos conjuges privatim habeatur, patefacta tamen, quoad fieri poterit, etiam parti infideli prioris matrimonii nullitate. » (Collect. n. 1263.)

seules unions ayant l'*apparence* d'un vrai mariage, c'est-à-dire aux mariages conclus dans la forme usitée dans le pays et, par conséquent, réputés légitimes.

On ne pourrait donc en user pour les unions qui n'auraient pas cette apparence et qui seraient réputées purement concubinaires [1].

3. Entraîne dispense des autres empêchements

135. Par ailleurs, la dispense de la disparité des cultes accordée à la partie catholique, tant dans les mariages déjà contractés que dans ceux à contracter, est censée contenir celle de tous les empêchements auxquels n'est pas soumise la partie infidèle, et cela sans qu'il en soit fait mention, de telle sorte qu'en raison de l'unité du contrat, son exemption est communiquée à la partie catholique [2].

Cela doit s'entendre évidemment des seuls empêchements de droit écclesiastique dont l'Église a coutume de dispenser, et encore de ceux qui ne

---

[1] « Manifestum est per matrimonia præterita in quibus uti possunt Episcopi vel missionarii facultate sibi ab Apostolica Sede delegata dispensandi,... intelligi non conjunctiones quascumque etiam fornicarias, sed eas tantummodo, quæ juxta mores regionum vel infidelium vel hæreticorum, formam habent et figuram matrimonii, habenturque pro legitimis matrimoniis, quæ tamen irrita sunt ob ecclesiasticum impedimentum. » (S. Off. 16 sep. 1824. Coll. n. 1235.)

[2] « Ecclesia dispensando cum parte catholica super disparitate cultus, ut cum infideli contrahat, dispensare intelligitur ab iis etiam impedimentis, a quibus exempta est pars infidelis, ut inde hujus exemptio propter contractus individuitatem communicata remaneat et alteri. » (S. Off. ibid.)

sont pas *personnels* à la partie catholique, comme serait le vœu de chasteté, cas où la partie infidèle ne peut pas communiquer son exemption, puisqu'elle n'est pour rien dans ce vœu.

Il faudrait donc ici une dispense particulière de ce vœu, en même temps que celle de la disparité des cultes, et par conséquent, pour dispenser en pareil cas sans recourir à Rome, il faudrait que le Vicaire Apostolique eût un indult permettant le cumul des dispenses. (Voir n. 170 et suiv.)

Article III

Mariage d'un catholique
avec un hérétique

§ 1. Règles générales

136. Dans une Instruction du 12 décembre 1888 adressée à tous les Évêques d'Orient, le S. Office condense l'ensemble de la doctrine et de la pratique de l'Église sur cette matière.

Il suffira de la résumer ici pour donner une connaissance assez précise des règles à suivre. (Voir n. 1444 des Collectanea.)

Après avoir rappelé que le mariage chrétien est l'image de l'union de Jésus-Christ avec son Église, et en conséquence un lien vraiment saint, le S. Off. tire la conclusion : que la foi étant la racine et le fondement de toute sainteté, les époux doivent vivre dans la même foi pour trouver dans leur union un moyen de sanctification.

C'est en partie pour ce motif que l'Église interdit les unions entre époux n'ayant pas la même religion.

a. Portée de cette défense — Sa raison d'être

137. 1. Mais il y a cette différence, entre le présent empêchement de *religion mixte* et celui de la *disparité de cultes*, que ce dernier rend invalide le mariage contracté sans dispense entre un chrétien et un infidèle, tandis que le premier rend seulement *illicite* le mariage contracté sans dispense entre un catholique et un *baptisé* non catholique, sans empêcher toutefois cette union d'être valide.

2. Il est aisé de comprendre pourquoi l'Église a toujours condamné et réprouvé les unions entre catholiques et hétérodoxes.

Ces sortes d'unions entraînent, en effet, une communication dans les choses saintes toujours défendue; elles causent du scandale; elles mettent la partie catholique en danger de perversion; elles sont opposées à la bonne éducation des enfants; facilement aussi elles amènent à l'indifférence religieuse la plus funeste, et, elles sont presque fatalement opposées à la concorde parfaite qui doit régner entre époux.

3. L'Église a donc fait toujours son possible pour détourner ses enfants de ces unions *illicites*, et pour les autoriser, elle exige de graves raisons, telles que l'utilité de la religion, le bien public, un mal considérable à éviter, etc. (Voir n. 125.)

b. Conditions de la dispense

138. Mais cela ne suffit pas encore pour que la dispense puisse être légitimement accordée; il faut de plus exiger des contractants la garantie,

1. Que le danger de perversion sera écarté du conjoint fidèle.

2. Que celui-ci fera son possible pour convertir le conjoint non catholique.

3. Et que tous les enfants seront élevés dans la religion catholique.

Comme ces garanties sont réclamées par le droit divin naturel et positif, aucune autorité humaine ne peut jamais accorder dispense tant qu'elles n'existent pas.

Lorsque existent ces causes canoniques de dispense et que sont données en même temps les garanties exigées par la loi divine naturelle ou positive, il faut demander et obtenir dispense de l'autorité ecclésiastique compétente, pour que ces mariages puissent être contractés sans péché ; sans cette dispense, en effet, ils ne peuvent jamais être conclus sans faute grave[1].

Il faut ajouter que les fiançailles entre catholique et hérétique ou schismatique sont illicites et même invalides, si elles se font sans dispense légitime.

c. Conduite à suivre par les missionnaires

139. Les pasteurs doivent donc faire leur possible pour détourner les fidèles de ces sortes d'unions, et ne les permettre jamais sans que les conditions

---

[1] La feuille Z, n. VIII, accorde dans les termes suivants la faculté de dispenser en ces sortes de cas: « Dispensandi justis tamen gravibusque accedentibus causis, super impedimento mixtæ Religionis, dummodo cautum omnino sit conditionibus ab Ecclesia præscriptis, prout in superiore n. III, c'est-à-dire comme pour les mariages entre fidèle et infidèle (Voir n. 123 et suiv.)

prescrites soient entièrement observées, et sans que dispense légitime ait été obtenue.

Ils doivent aussi rappeler aux fidèles le précepte naturel qui oblige tout homme à éviter le péril prochain du péché..., et la loi de l'Église qui défend ces unions détestables...

Enfin ils doivent veiller, une fois le mariage légitimement conclu, à ce que les garanties données soient fidèlement tenues.

§ 2. Cas où il y a doute sur le baptême de l'hérétique

a. Enquête à faire

140. Lorsqu'un catholique demande à contracter mariage avec un hérétique, l'enquête faite par le missionnaire doit porter entre autres choses sur le baptême reçu ou non par cet hérétique, car la situation est bien différente, selon qu'il est certain que l'hérétique a été validement baptisé, ou qu'il ne l'a pas été du tout ou d'une manière invalide, ou enfin lorsque la validité du baptême reste douteuse, parce qu'on doute s'il a été administré comme il faut, ou si même il a été administré.

a. Dans le premier cas, c'est-à-dire lorsque le baptême a été validement reçu par l'hérétique, il n'y a, pour permettre le mariage, qu'à suivre les règles générales ci-dessus indiquées, si toutefois aucun autre empêchement ne met obstacle à l'union.

b. Dans le second cas, c'est-à-dire lorsque l'hérétique n'a pas été baptisé ou l'a été invalidement, on se trouve, en réalité, en présence du mariage d'un catholique avec un infidèle, et, à moins que l'hérétique en question ne reçoive le baptême avant de contracter l'union, il faut appliquer les règles tracées pour le mariage entre un catholique et un infidèle. (Voir l'article précédent.)

c. Le troisième cas, c'est-à-dire celui où le baptême de l'hérétique reste douteux, est le seul qui présente quelque difficulté, et sur lequel il est nécessaire d'insister plus longuement.

b. Conduite à suivre si le doute persiste

141. Or, un principe formulé par le S. Office et appliqué par lui en de nombreuses circonstances, favorise singulièrement la solution des difficultés pratiques de cette situation.

D'après ce principe, en effet, le baptême *douteux* doit être considéré comme *valide* dans les questions relatives au mariage[1], conclu ou à conclure présentement.

D'où il résulte que le mariage d'un catholique avec un hérétique dont le baptême est douteux, ne tombe point sous l'empêchement dirimant de la disparité des cultes, mais seulement sous l'empêchement prohibant de la religion mixte, et que, par conséquent, il est *valide*, quoique *illicite* s'il est contracté sans dispense.

De là découlent plusieurs conclusions pratiques assez importantes et utiles à connaître.

---

[1] « Si dubium persistat censendum est validum baptisma in ordine ad validitatem matrimonii. » (17 novembre 1830. Collect. n. 1274. Voir aussi, tant pour le principe que pour les conclusions, les n. 1300-1302-1304-657-662.)

c. Conclusions

142. *a.* S'il s'agit d'un mariage à contracter, et pourvu que d'autres empêchements n'y mettent point obstacle, il suffit, après avoir exigé les garanties voulues, d'accorder la dispense de l'empêchement de religion mixte, pour que l'union devienne licite.

Si l'union a été déjà contractée, il n'y a pas à la revalider puisqu'elle doit être tenue pour valide, bien que, conclue sans dispense, elle ait été illicite. Il reste seulement à procurer, autant que faire se peut, l'accomplissement des conditions imposées par l'Église pour ces sortes de mariages, et à rebaptiser sous condition l'hérétique, s'il vient à se convertir.

b. Si deux hérétiques mariés ensemble viennent à se convertir, ou seulement l'un des deux, il faut tenir leur union pour valide, bien que leur baptême soit douteux, pourvu qu'aucun autre empêchement n'y mette obstacle.

Mais leur baptême étant tenu pour valide en matière de mariage, il faut ne pas perdre de vue qu'ils sont soumis aux empêchements ecclésiastiques, et que, par conséquent, leur union serait nulle, si elle avait été conclue malgré la présence de l'un de ces empêchements.

Dans cette dernière hypothèse, il faudrait, après avoir conféré le baptême sous condition, revalider le mariage, en accordant dispense de l'empêchement qui le rendait nul et en faisant renouveler le consentement.

c. Si l'hérétique qui se convertit et dont le baptême est douteux, s'est marié avec un infidèle, le mariage doit être réputé nul, à cause de l'empêchement de la disparité des cultes auquel cet hérétique est soumis[1]; il faut donc le revalider après l'administration du baptême sous condition, et moyennant les dispenses nécessaires.

Si c'est l'infidèle qui se convertit, il ne peut continuer la cohabitation avec le conjoint hérétique sans faire revalider son union aux conditions imposées par l'Église pour les mariages mixtes.

d. Si pour une raison ou pour une autre le baptême de conjoints catholiques venait à être prudemment regardé comme douteux, il faudrait quand même tenir leur mariage comme valide, car le principe trouve aussi son application dans ce cas.

Il y aurait donc seulement à rebaptiser sous condition celui des époux dont le baptême serait douteux, ou les deux, au cas assez extraordinaire où on douterait sérieusement du baptême des deux conjoints, mais le mariage n'aurait pas à être revalidé.

---

[1] « At fieri potest ut una pars valide aut dubie, altera vero invalide baptizata fuerit. Hoc in casu eorum matrimonium nullum erit ob cultus disparitatem. » (S. Off. 4 fév. 1891. Collect. n. 1304.)

CHAPITRE IV

CONDUITE A SUIVRE
QUAND L'UNION EST ENTRAVÉE
PAR DES EMPÊCHEMENTS

Les empêchements de la disparité des cultes et de la religion mixte ne sont pas les seuls à mettre obstacle à la validité ou à la licéité du mariage; il y en a bien d'autres, comme chacun sait, et sans vouloir entrer ici dans le détail de chacun d'eux, il ne sera pas inutile d'indiquer brièvement les règles générales à suivre lorsqu'on se trouve en présence de certains de ces obstacles:

1. Quand il est question du mariage à contracter;

2. Quand on a à résoudre un cas se rapportant à un mariage déjà existant:

3. Quand l'empêchement est douteux;

4. Quand il y a à régulariser la situation matrimoniale d'un moribond;

5. Enfin comment doit être fulminée la dispense obtenue.

Article I

Empêchement au mariage à contracter

---

§ 1. S'assurer de la nature de l'empêchement

143. La première chose à faire lorsque se présente un empêchement au mariage projeté, est de se rendre un compte exact de sa nature.

Est-il de ceux qui peuvent être enlevés par une dispense de l'Église, ou bien de ceux pour lesquels dispense ne peut être accordée ou ne l'est pas en fait ?

§ 2. Empêchement susceptible de dispense

144. Lorsque l'empêchement est susceptible de dispense, comme le sont tous les empêchements prohibants, et tous les empêchements dirimants de *droit ecclésiastique*, le missionnaire doit voir si les pouvoirs à lui confiés lui permettent ou non de dispenser.

Si oui, il peut accorder la dispense sans recourir à l'autorité supérieure, pourvu que les raisons de la concéder soient vraiment suffisantes, car toute dispense donnée par lui sans causes légitimes serait *nulle* et de nul effet.

S'il y a plusieurs empêchements à *la fois*, il ne peut accorder la dispense, quand même les feuilles de pouvoirs spécifieraient chacun de ces empêchements *en particulier*, à moins qu'il n'ait aussi la faculté du *cumul* des dispenses dont il sera question plus loin.

Si les pouvoirs dont il peut disposer ne comprennent pas le cas à trancher, il doit recourir au Vicaire Apostolique en faisant un exposé exact et complet de la situation, et celui-ci accordera la dispense s'il en a la faculté, et si les raisons présentées lui paraissent vraiment suffisantes.

Au cas où ses pouvoirs ne lui permettent pas d'accorder la dispense, il transmettra lui-même la demande à Rome, si la chose lui paraît opportune.

A noter en passant que la formule ordinaire des feuilles de pouvoirs des Vicaires Apostoliques relative à la dispense de la parenté spirituelle, ne comporte pas la faculté de dispenser le baptisant et la baptisée ou réciproquement, bien que mention n'y soit pas faite de cette restriction.

Ainsi l'a décidé le S. Office le 3 déc. 1902.

Toutefois pour calmer les consciences relativement aux dispenses qui auraient été invalidement accordées en pareil cas dans le passé, la revalidation *in radice* est concédée par le Souverain Pontife pour tous les mariages contractés avant le décret[1].

---

[1] Ce décret qui ne peut trouver son application que dans le cas où le baptême a été *privé* et administré par une personne libre de contracter mariage, s'exprime ainsi : « Non posse qui concessa per prædictas formulas facultate gaudent, super impedimento cognationis spiritualis inter baptizantem et baptizatum dispensare... Si quæ vero matrimonia hujusmodi dispensatione, vi earumdem formularum concessa, forte hucusque contracta fuerint, ad omnem circa eorum valorem quæstionem dirimendam, supplicandum SSmo ut eadem in radice sanata declarare dignetur. » (Voir Can. Cont. année 1903 p. 160.)

§ 3. Empêchement
non susceptible de dispense

145. Si l'empêchement est de ceux pour lesquels dispense ne peut être accordée, il va de soi que les futurs ne peuvent réaliser leur projet de mariage.

Ils doivent donc y renoncer pour toujours, si l'empêchement est *perpétuel,* au moins provisoirement, si l'empêchement est *temporaire.*

Ce dernier empêchement, même s'il est de droit naturel, ne met, en effet, obstacle au mariage, que tant qu'il subsiste. Si donc il vient à cesser par suite de changement survenu dans la situation des futurs, il n'est plus un obstacle au projet d'union.

Ainsi l'empêchement du *lien* cesse par la mort du conjoint;

Celui de l'*erreur* par la connaissance de la personne qui en était l'objet;

Celui de l'*impuissance* par la disparition de celle-ci;

Celui de l'*incapacité* à consentir soit par manque d'âge, soit par suite de la folie, dès que la personne devient capable de consentement;

Celui de la *violence* par la pleine liberté laissée à la personne;

Celui du rapt par la remise en lieu sûr de la personne enlevée.

Article II

Empêchement au mariage déjà contracté

146. Il peut arriver qu'un empêchement au mariage ne soit découvert que lorsque l'union a été déjà conclue.

Si on se trouve en présence d'un empêchement prohibant qui ne nuit pas à la validité du mariage, il n'y a pas à revalider celui-ci, mais il peut y avoir des garanties à exiger ou des réparations à imposer, avant d'admettre aux sacrements ceux qui auraient contracté cette union valide mais illicite.

Si on se trouvait en présence d'un empêchement dirimant, le mariage serait certainement nul, et il y aurait lieu de procéder à sa revalidation, si elle est possible, ou de remédier de toute autre manière à l'irrégularité d'une telle union, lorsqu'elle ne peut être revalidée.

Cette question étant traitée dans tous les manuels, il suffira de rappeler ici les règles principales à suivre, soit lorsque la revalidation est possible, soit lorsque légitimement elle ne peut avoir lieu.

§ 1. Conduite à tenir lorsque la revalidation est possible

a. Règles Générales

La revalidation d'un mariage nul ne peut avoir lieu que si l'empêchement opposé à sa validité a disparu par suite d'un changement survenu dans la situation des faux époux, (voir n. 145.), ou est enlevé par une dispense légitime.

Si cet empêchement subsiste et ne peut être enlevé par la dispense, la revalidation est impossible.

1. La conseiller si elle est possible

147. Lorsque la revalidation est possible, elle doit généralement être conseillée aux époux putatifs qui auraient des enfants issus de leur union, à moins que de graves raisons ne militent en faveur de la séparation.

S'il n'y a pas d'enfants et si la bonne harmonie ne règne pas entre les époux, ou si d'autres graves motifs s'opposent à la conclusion définitive du vrai mariage, il vaut mieux conseiller la séparation et faire délivrer par l'autorité ecclésiastique une déclaration de nullité. (Voir ch. VI.)

Toutefois la conduite à tenir vis-à-vis de ces faux époux est différente :

1. Si l'empêchement étant ignoré d'eux ou du public, ils sont dans la bonne foi ;

2. Si l'empêchement est connu par eux, mais ignoré du public ;

3. Si l'empêchement est connu à la fois par eux et par le public.

2. Si les époux sont de bonne foi

148. Lorsque les époux putatifs sont dans une entière bonne foi, il faut *les y laisser*, si l'avertissement ne peut avoir que de funestes résultats ; les *prévenir* au contraire, si cette monition peut être faite sans de graves inconvénients, et leur faire renouveler le consentement qui rendra leur union valide.

Cependant, si l'empêchement n'a pas disparu de lui-même et nécessite une dispense, celle-ci doit être obtenue avant la monition, afin que le consentement puisse être renouvelé tout de suite et le danger de péché formel écarté.

Si, au contraire, ils avaient de bonnes raisons de ne pas s'unir définitivement, il faudrait, une fois la monition faite, leur délivrer une déclaration de nullité du mariage et leur notifier l'obligation d'une séparation immédiate.

Leur permettre de vivre ensemble comme frère et sœur serait à peu près toujours imprudent, à cause du danger prochain de péché.

Cela ne devrait être toléré que dans le cas où la séparation absolue étant moralement impossible, il y aurait de sérieuses garanties que, tout en habitant sous le même toit, les prétendus époux vivront ensemble comme frère et sœur.

Si une seulement des parties pouvait être avertie sans inconvénients, il faudrait obtenir d'abord la dispense *simple* ou la dispense *in radice* selon les cas, et avertir alors la partie qui peut l'être, si on le juge prudent.

3. S'ils sont de mauvaise foi

149. Si, même lorsque la cause de nullité est ignorée du public, les époux putatifs ne sont pas dans la bonne foi, parce qu'ils ont conscience de l'empêchement qui rend leur mariage nul, il faut exiger d'eux la séparation *quoad torum*, et même généralement *quoad habitationem*, en raison du danger, jusqu'au moment de la revalidation, si elle doit se faire, et y procéder ensuite comme il a été dit ci-dessus, après avoir obtenu les dispenses nécessaires.

Si la revalidation ne doit pas avoir lieu, la séparation absolue s'impose et les époux doivent porter léur cause devant le tribunal de l'ordinaire pour obtenir une déclaration de nullité.

Il faut cependant agir avec prudence lorsqu'on impose la séparation *quoad habitationem,* en attendant la revalidation, ou la déclaration de nullité pour ne pas scandaliser le public qui ignore la nullité du mariage, et ne pas diffamer les conjoints.

Si une seulement des parties a connaissance de l'empêchement susceptible de dispense et désire la revalidation :

1. Ou bien il lui est possible de prévenir sans inconvénients le consort, et elle doit le faire, une fois la dispense obtenue, et renouveler le consentement.

2. Ou bien il ne lui est pas possible de prévenir l'autre partie de la nullité, et alors il faut obtenir, en même temps que dispense de l'empêchement, pour la partie qui en a connaissance celle de ne pas être obligée à la condition de prévenir l'autre conjoint, ou obtenir la dispense *in radice.*

En tout état de cause, l'usage du mariage est illicite jusqu'à revalidation, pour la partie consciente de la nullité.

4. Si la nullité est connue du public

150. Si la nullité du mariage est connue à la fois et des époux putatifs et du public, il faut avant tout exiger la séparation pour faire cesser le péché et le scandale.

Si ensuite les conjoints veulent revalider leur union, il faut demander dispense de l'empêchement et procéder au mariage après l'avoir obtenue.

5. Remarques importantes

151. Il est bon de remarquer ici :

1. Que la loi du *cumul* des dispenses s'applique aux mariages à *revalider* comme aux mariages à contracter ;

2. Que le fait pour l'un ou l'autre des époux ou pour les deux d'avoir connu la *nullité* avant de s'unir, ne s'oppose pas à ce qu'il soit fait usage en leur faveur des facultés déléguées de dispenser [1].

3. Qu'en procédant à la revalidation, il faut, si possible, amener les époux à se mettre en état de grâce, puisqu'ils reçoivent le sacrement de mariage au moment où ils renouvellent le consentement.

b. Dispense in radice

La dispense *in radice* plusieurs fois mentionnée ci-dessus, étant le moyen le plus simple de revalider un mariage illégitime, et remédiant plus efficacement aux vices produits par la nullité, il paraît utile d'entrer ici dans quelques détails sur sa nature et sur son usage, tout en faisant observer que c'est là un mode de revalidation *extraordinaire* auquel on ne peut recourir sans des raisons particulièrement graves.

---

[1] « R. Facultates de quibus agitur valere etiam quando utraque pars conscia est nullitatis matrimonii jam initi. » (S. Off. 2 juillet 1884, Collect. n. 2187.)

1. Sa nature

152. Comme la dispense *simple* ou *ordinaire*, elle a pour premier effet d'enlever l'empêchement qui s'opposait à la validité de l'union.

Mais tandisque que la dispense *ordinaire* n'a aucun effet *rétroactif*, et confère simplement aux époux putatifs le pouvoir de rendre leur union *désormais* valide par la rénovation du consentement que l'empêchement rendait nul jusqu'ici, la dispense *in radice* rend efficace le consentement donné dans le principe et toujours virtuellement existant, comme si l'obstacle qui le rendait nul n'eût jamais existé, et elle revalide le mariage depuis le moment où il a été conclu tout d'abord.

Elle rétablit donc, par une *fiction juridique*, toutes choses dans l'état dans lequel elles auraient été, si aucun empêchement ne s'était opposé à la validité de l'union, et sans qu'il soit nécessaire de renouveler le consentement donné dès le principe.

Il en résulte que, par suite de la dispense *in radice*, le mariage est *censé* valide, quant à ses effets *juridiques*, depuis l'origine, et que les enfants issus de cette union sont réputés *légitimes* ; tandis que la dispense *ordinaire*, ne permettant de revalider le mariage qu'à partir du moment où le consentement est renouvelé, ne peut conférer par elle-même aucun droit de légitimité aux enfants nés avant la revalidation.

Pour que, dans ce dernier cas, les enfants soient, non réputés *légitimes*, mais *légitimés*, il faut une concession spéciale du Souverain Pontife accordant la dispense.

C'est à cause de ses effets *rétroactifs*, s'étendant juridiquement jusqu'à l'origine ou la *racine* même du mariage, que cette dispense a été nommée *in radice*, car elle lui confère, après coup, les effets d'une union légitime dès le principe, comme si originairement rien ne se fût opposé à la validité, bien qu'elle ne puisse faire évidemment que le mariage ait été valide alors qu'il ne l'était pas.

2. Ses conditions

153. Les *conditions* de la dispense *in radice* découlent de sa nature elle-même. Et d'abord :

1. C'est le Souverain Pontife seul qui peut l'accorder ; les Évêques ne le peuvent qu'en vertu d'une délégation *spéciale*.

A plus forte raison, les Vicaires Apostoliques ont-ils besoin d'un indult *particulier* pour concéder cette dispense non contenue dans les feuilles de pouvoirs ordinaires délivrées par la Propagande.

A moins donc d'indult spécial, le recours à Rome est toujours nécessaire.

2. Comme cette dispense rend *efficace* le consentement donné à l'origine de l'union, sa concession suppose une union ayant toutes les apparences d'un vrai mariage, bien qu'un empêchement la rende nulle jusqu'à la revalidation.

Elle ne pourrait donc être accordée pour une union purement *concubinaire*, c'est-à-dire dans laquelle les conjoints n'auraient pas eu en vue un véritable mariage, car le consentement indispensable pour constituer un véritable mariage n'ayant jamais existé, ne peut être rendu efficace par une dispense qui le suppose nécessairement.

Il en serait pratiquement de même pour le cas où, tout en consentant au mariage, les époux auraient eu *conscience* de l'empêchement opposé à leur union, parce qu'on ne peut regarder comme suffisant pour constituer *en soi* un mariage légitime, un consentement donné à une union connue comme impossible.

S'ils avaient *douté* seulement de la portée de l'empêchement, le consentement pourrait être tenu pour suffisant.

3. Il faut encore que le consentement suffisant en soi pour constituer un vrai mariage, n'ait pas été révoqué et persévère, *de part et d'autre,* au moment où la dispense est accordée.

Dans le cas où l'un des conjoints n'aurait jamais consenti sérieusement, ou aurait révoqué son consentement, il serait indispensable qu'il le renouvelle, pour que la dispense puisse avoir son effet.

Pratiquement il faut considérer le consentement comme persévérant et ne faire à ce sujet aucune enquête, à moins que le rescrit concédant la dispense *in radice* ne demande qu'on ait la *certitude* de sa persévérance.

4. Il faut que l'empêchement rendant nul le mariage soit de droit *ecclésiastique* seulement, car, s'il était de droit naturel, la revalidation *in radice* serait impossible.

Cependant un mariage nul par suite d'un empêchement de droit naturel, pourrait être revalidé *in radice,* dans le cas où cet empêchement ayant cessé, les époux putatifs auraient ensuite persévéré dans leur union avec un empêchement de droit ecclésiastique seulement.

Mais, dans ce cas, les effets rétrospectifs de la

13

dispense ne peuvent dater que du moment où a cessé l'empêchement de droit divin, par exemple, de la mort du conjoint légitime, si l'empêchement de droit divin était un lien antérieur.

3. Raisons de l'accorder

154. Enfin, il faut une raison *grave* et *urgente* pour demander la dispense *in radice* de préférence à la revalidation *ordinaire*, car, ainsi qu'on le dit plus haut, l'Église ne recourt que difficilement à ce moyen véritablement *extraordinaire*.

On doit regarder comme *grave* motif de demander la dispense *in radice*, la nécessité de revalider de nombreux mariages invalides, alors surtout que les conjoints ne pourraient être prévenus sans scandale de la nullité, comme dans les cas où il y aurait eu erreur de la part des missionnaires ou du Vicaire Apostolique[1].

Il y a encore raison *grave* lorsque l'une des parties ignorant l'empêchement, il y a à craindre qu'elle ne veuille plus du mariage si on l'en informe, ou encore lorsque l'une des parties ne peut être amenée à renouveler le consentement dans la forme régulière prescrite par l'Église.

En toute hypothèse, la demande de la dispense *in radice* doit exposer toutes les circonstances du cas, et il faut s'en tenir aux termes de la concession lorsqu'on a reçu le rescrit portant la dispense demandée.

---

[1] « Il a été dit, p. 51, au sujet de la dispense de la disparité des cultes accordée *invalidement* par le Vicaire Apostolique à un néophyte faisant usage du privilège paulin, que le S. Office prescrit *post factum* de laisser les

§ 2.   Conduite à tenir
lorsque la revalidation est impossible

Si la revalidation est impossible parce que l'empêchement au mariage est toujours subsistant et ne
peut être enlevé par la dispense, la conduite à tenir
est différente, selon que les faux époux sont dans
la bonne ou la mauvaise foi.

a. S'il y a bonne foi

155. Si les deux conjoints sont dans la bonne foi,
ils doivent y être laissés quand même l'empêchement serait de droit naturel, toutes les fois que de
graves inconvénients résulteraient de l'avertissement à eux donné, en particulier le danger du péché formel.

Si, au contraire, ils peuvent être avertis de leur
situation irrégulière sans inconvénients sérieux et
avec une espérance fondée qu'ils tiendront compte
de la monition et se sépareront, ils doivent être
prévenus et se séparer absolument.

b. S'il y a mauvaise foi

156. Lorsque les conjoints ne sont pas dans la
bonne foi et ont connaissance de l'obstacle insurmontable qui rend leur union nulle, ils doivent être

époux dans la bonne foi. Il ne faudrait pas en conclure
qu'on ne puisse, en pareil cas, demander la dispense *in
radice*. On le peut certainement, car les exemples de concessions de cette nature ne manquent pas ; il faudrait donc
toujours soumettre ces sortes de cas à Rome, pour réparer autant que possible l'erreur commise.

avertis du devoir grave qui leur incombe de se séparer, quels que soient les inconvénients, car ils vivent dans l'état de péché et rien ne peut tolérer la continuation d'un tel état.

A plus forte raison faut-il leur imposer la séparation, si leur situation irrégulière est connue du public, car alors il y a un grave scandale à faire cesser.

Si l'une des parties seulement avait connaissance de la nullité du mariage et de l'impossibilité de le revalider, la séparation s'imposerait encore, et la partie ayant conscience de l'empêchement devrait prévenir l'autre et se séparer : elle ne peut, en effet, dès lors que la bonne foi ne peut l'excuser, continuer à vivre dans une union source constante pour elle de graves fautes, et son devoir est de la rompre sans délai possible.

Ces principes suffisent pour indiquer d'une manière générale la ligne de conduite à suivre lorsqu'on se trouve en face d'un mariage invalide.

On trouvera les détails pratiques relatifs à cette matière dans les auteurs de théologie Morale ou de droit canon.

Article III

Conduite à tenir
si l'empêchement est douteux

Lorsqu'après un enquête sérieuse on doute si le mariage n'est pas entravé par un empêchement dirimant, il faut voir tout d'abord si l'empêchement probable est de droit ecclésiastique seulement ou de droit divin.

§ 1. Doute sur un empêchement
de droit ecclésiastique

---

a. Doute de droit

157. Si le doute porte sur le *droit*, c'est-à-dire
sur l'existence même de la loi ecclésiastique créant
l'empêchement, on peut appliquer en toute sûreté
l'axiome : *Impedimentum dubium, impedimentum
nullum*, toutes les fois qu'il y a une opinion
sérieusement probable contre l'existence de cette
loi, et permettre le mariage.

Car, dans ce cas, on présume raisonnablement que
si l'empêchement existe en réalité, l'Église l'enlève.

Cependant, pour tranquilliser les consciences, on
fera bien, si le temps le permet, de demander dispense *ad cautelam* de cet empêchement douteux,
et à moins d'urgence, le Vicaire Apostolique devra
être consulté.

b. Doute de fait

158. Si le doute porte sur le *fait*, c'est-à-dire si
on doute que tel empêchement de droit ecclésiastique existe vraiment pour ce mariage, par exemple,
si on doute que les deux futurs soient cousins à un
degré prohibé, on ne peut permettre le mariage
sans accorder dispense *ad cautelam* de ce degré
de consanguinité.

Si le doute porte sur le *degré* de parenté, dispense
doit être absolument accordée du degré supérieur
sur lequel porte le doute, à condition bien entendu

qu'il ne soit pas question d'un degré pour lequel dispense ne peut pas être ou n'est jamais accordée.

Il faut dire la même chose de l'affinité. (S. Off. 9 déc. 1874. Collect. n. 1242.)

Si l'on n'avait qu'un doute vague fondé uniquement sur les conditions générales dans lesquelles se trouve la population, sans aucun motif particulier applicable au cas présent, il ne faudrait pas en tenir compte, et aucune dispense, même *ad cautelam*, ne serait nécessaire. (S. Off. 14 décembre 1865. Collect. n. 1241.)[1]

Dans ces mêmes réponses le S. Office déclare que pour accorder la dispense soit *ad cautelam*, soit absolument, dans ces cas de doute, le Vicaire Apostolique peut user des facultés qu'il possède déjà pour les mêmes empêchements certains, sans nouvelle concession.

c. Doute de droit et de fait

159. Si le doute portait à la fois sur le *droit* et sur le *fait*, à plus forte raison faudrait-il conclure à la validité et à la licéité du mariage à contracter ou contracté[2].

§ 2. Doute sur un empêchement de droit divin

a. Pour mariage à contracter

160. Si le doute porte sur un empêchement de droit divin, qu'il s'agisse d'un doute de droit ou

---

[1] « Quoad facultatem vero dispensandi ad cautelam in casu exposito, non esse necessariam, quando dubitatio de existentia impedimenti oritur dumtaxat ex motivo generali. »

[2] Voir Gasparri n. 253 et suiv.

d'un doute de fait, ou même d'un doute de droit et de fait à la fois, on ne peut permettre qu'un tel mariage soit conclu.

1. Doute de droit

Car, si dans le doute du *droit* on ne peut affirmer avec certitude que tel empêchement est de droit divin, comme la consanguinité au 2e ou 3e degré etc... de la ligne directe et au 1er degré de la ligne collatérale, il est bien certain du moins qu'il y a empêchement de droit ecclésiastique pour lequel dispense n'est jamais accordée, et que, par conséquent le mariage conclu dans de telles conditions, entre personnes soumises à la loi de l'Église, serait nul.

2. Doute de fait

161. Dans le doute du *fait,* à savoir si un lien antérieur ne met pas obstacle au mariage, ou si les futurs ne sont pas consanguins au 1er degré de la ligne directe, le mariage ne peut non plus être permis.

Dans le premier cas, en effet, le lien antérieur dont l'existence est certaine mais qu'on doute avoir été rompu par la mort d'un des conjoints, possède jusqu'à ce que cette mort soit moralement certaine.

Si le doute portait sur l'existence même de ce premier lien, parce qu'il serait douteux que le mariage eût jamais été valide, il faudrait s'assurer si la présomption est quand même en faveur de la validité, ce qui a lieu lorsque les conjoints se croyaient vraiment mariés et étaient tenus pour tels, et alors encore on ne pourrait permettre un nouveau mariage, au moins avant d'avoir obtenu une réponse de Rome, où la cause devrait être renvoyée. (S. Off. 18 déc. 1872. Ad 4. Collect. n. 1300.)

Il semble résulter de cette même réponse qu'il faudrait recourir encore à Rome, quand même la présomption serait contre la validité de la première union, tant qu'il reste un doute en faveur du lien, puisqu'il est y dit: *At si argumenta eidem opposita aliquatenus quidem ipse enervaverit, sed non omnino sustulerit, ita ut in statu dubii res adhuc permaneat, tum res tota ad Apostolicam sedem deferatur...* On ne pourrait donc encore ici permettre le mariage.

Dans le second cas, on ne peut tolérer le crime même simplement probable d'une union entre personnes unies probablement au 1er degré de la ligne directe.

S'il était question de l'impuissance, et que le doute subsistât après examen sérieux, le droit naturel au mariage possédant jusqu'à preuve du contraire, l'union pourrait être permise.

3. Doute de droit et de fait à la fois

162. Dans le doute du *droit* et du *fait* à la fois, par exemple, si on doute que les futurs soient ou non consanguins au 1er degré de la ligne collatérale, ou à un degré autre que le premier de la ligne directe, on ne pourrait permettre le mariage toujours illicite en pareil cas, à cause du danger d'un grave désordre et des conséquences funestes et probables de telles unions.

b. Pour Mariage déjà contracté

163. Ce qui précède ne concerne que les mariages à *contracter*.

S'il était question d'un mariage déjà contracté avec doute sérieux et persistant sur l'existence d'un empêchement de droit naturel, il faudrait en juger d'après les règles déjà indiquées pour les nouveaux chrétiens qui, dans une situation identique, voudraient continuer l'union contractée dans l'infidélité. (Voir n. 111.)

D'ailleurs ces cas de doute grave devraient être, en règle générale, soumis au S. Siège, aussi bien pour les unions contractées avant le baptême, que pour celles contractées après.

Article IV

Régularisation de l'union illégitime d'un moribond

Pour faciliter au dernier moment la réconciliation avec Dieu des moribonds se trouvant dans une situation illégitime, soit dans un mariage purement civil, soit dans un état de concubinage proprement dit, et ne pouvant en sortir que moyennant une dispense, le S. Office a accordé, par décret du 20 février 1888, des pouvoirs très étendus aux *Ordinaires*, indépendamment des facultés qu'ils peuvent avoir par indults particuliers.

§ 1. Pouvoirs accordés par le décret de 1888

164. *a.* En vertu du décret 1888, les Ordinaires ont donc désormais le pouvoir de dispenser, soit par eux-mêmes, soit par l'intermédiaire d'un ecclésiastique de leur choix, les moribonds qui, faute de temps, se trouvent dans l'impossibilité de recourir au Saint-Siège, de tous les empêchements dirimants de droit ecclésiastique, quelque publics qu'ils soient, à l'exception de ceux du *sacerdoce* et de l'affinité en ligne directe[1].

b. Les pouvoirs spéciaux dont il est ici question, sont accordés par ordre du Souverain Pontife à tous les *Ordinaires*, c'est-à-dire, selon le sens donné à ce terme dans le même décret, non seulement aux Évêques diocésains, mais aussi aux Vicaires et aux Préfets Apostoliques qui ont juridiction sur un territoire séparé, aux Vicaires généraux et, pendant la vacance du siège, aux Vicaires capitulaires[2].

---

[1] « Sanctitas sua benigne annuit pro gratia, qua locorum Ordinarii dispensare valeant sive per se, sive per ecclesiasticam personam sibi bene visam, ægrotos in gravissimo mortis periculo constitutos, quando non suppetit tempus recurrendi ad S. Sedem, super impedimentis quantumvis publicis, matrimonium jure ecclesiastico dirimentibus, excepto sacro Presbyteratus ordine, et affinitate lineæ rectæ ex copula licita proveniente. » (Coll. n. 1471.)

[2] « Appellatione *Ordinarii* venire Episcopos, Administratores seu Vicarios Apostolicos, Prælatos seu Præfectos habentes jurisdictionem cum territorio separato, eorumque officiales seu Vicarios in spiritualibus generales, et, sede vacante, Vicarium Capitularem vel legitimum Administratorem. »

Ils peuvent donc être utilisés en pays de mission,
et c'est pour cela qu'un court commentaire du décret et des décisions postérieures qui l'ont expliqué,
trouve ici sa place.

c. Or, des réponses données par le S. Office, il
résulte que les Ordinaires peuvent sous-déléguer
les pouvoirs contenus dans le décret, et cela d'une
manière *habituelle* aux *curés*, pour tous les cas
urgents dans lesquels le recours à l'Évêque ou à
l'ordinaire lui-même ne pourrait avoir lieu, faute
de temps, sans qu'il y eût péril en la demeure[1].

Sous le nom de *curés* auxquels cette délégation
habituelle peut être accordée, sont compris tous
ceux qui ont actuellement charge d'âmes, qu'ils
soient inamovibles ou amovibles.

Les autres prêtres, vicaires, chapelains ou simples confesseurs, ne peuvent être délégués, à moins
d'indult spécial, que pour un cas particulier[2]. Quant
aux missionnaires, ils peuvent être aussi sous-délé-
gués habituellement, pourvu qu'ils remplissent les
fonctions de curés dans un poste[3].

d. Si un prêtre qui n'a pas reçu délégation ou

---

[1] « Ordinarios, quibus memorata facultas... data fuit,
posse illam subdelegare habitualiter parochis tantum, sed
pro casibus in quibus desit tempus ad ipsos Ordinarios
recurrendi, et periculum sit in mora. » (S. Off. 1 mars 1889.
Collect. n. 1472.)

[2] « Comprehendi omnes qui actu curam animarum exer-
cent, exclusis vice parochis et capellanis. » (S. Off.
23 avril 1890. Coll. n. 1473.)

[3] « Utrum voce *parochorum....* intelligi possint et debeant *missionarii* curam animarum habentes, quamvis
parochi stricte dici non valeant ?

« R. Affirmative pro iis missionariis qui parochialibus
funguntur muneribus. » (S. Off. 23 avril 1890. Coll. n. 1474.)

ne peut même pas la recevoir d'une manière habituelle, se trouve en face d'un cas où le temps de recourir à l'Ordinaire fait défaut, il peut obtenir la dispense nécessaire du prêtre qui a délégation habituelle, sans que celui-ci soit obligé de se rendre personnellement auprès du moribond.

§ 2. Conditions requises pour l'exercice de ces pouvoirs

a. En général

165. a. D'après la teneur même du décret, les facultés extraordinaires dont il est question, ne peuvent être exercées qu'envers les moribonds mariés *civilement* ou vivant en *concubinage* proprement dit.

1. On ne pourrait donc en user indifféremment avec toutes sortes de moribonds qui voudraient, avant de mourir, contracter un mariage auquel met obstacle un empêchement dirimant de droit ecclésiastique, s'il ne sont, ni mariés civilement, ni concubinaires. (S. Off. 17 sept. 1890. Collect. n.1475.)

2. On ne pourrait non plus en user en faveur d'un moribond qui ne vit plus actuellement en concubinage, bien qu'il y ait vécu autrefois, quand même il serait poussé à contracter légitimement avec la personne à laquelle il s'était uni, pour légitimer les enfants issus de ce commerce, ou pour réparer le scandale etc... (S. Off. 3 mai 1899.)[1]

---

[1] Il est bon de remarquer cependant qui si, malgré une séparation *extérieure* imposée par les circonstances, le concubinage dure encore *formellement*, il peut être fait usage des pouvoirs accordés par le décret de 1888. C'est ce que soutient le *Canoniste Contemporain* après le *Monitore Ecclesiastico*. (Can. Cont. année 1899. p. 585.)

b. Pour qu'il puisse être fait usage des pouvoirs concédés par le décret de 1888, il faut que le recours au Saint-Siège soit impossible, faute de temps: ce qui se vérifiera à peu près toujours en cas de péril vraiment prochain de mort.

c. Régulièrement la validation de l'union illégitime doit se faire *in faciem ecclesiæ*, comme il est dit dans le préambule du décret de 1888, c'est-à-dire avec la présence du propre pasteur et des témoins exigés sous peine de nullité par le concile de Trente, là où le décret *Tametsi* sur la clandestinité est publié.

Cependant, l'empêchement de la clandestinité étant un de ceux dont il peut être dispensé, en vertu des pouvoirs accordés par le décret de 1888, un prêtre délégué par l'Ordinaire peut recevoir le consentement du moribond et de son complice, quand même ils ne seraient pas ses sujets, ou sans la présence des témoins, lorsqu'il ne peut recourir au propre curé, ni avoir les témoins nécessaires. (S. Off. 13 décembre 1899. Can. Cont. année 1900. p. 228.)

b. Pour quelques cas en particulier

1. Ordre sacré et vœux de religion.

166. *a.* Le pouvoir de dispenser un moribond en vertu du décret de 1888, s'étend aussi à ces sortes de cas, mais une double obligation incombe à celui qui a accordé la dispense à un sous-diacre, à un diacre, à une personne liée par les vœux de religion, si une fois le mariage validé, le moribond revient à la santé.

1. Celui qui a accordé la dispense doit informer le Saint-Office de cette concession extraordinaire ;

2. Il doit aussi prendre les moyens les plus aptes

à faire disparaître tout scandale, si celui-ci existait, soit en engageant ceux qui se trouvent dans ces cas à aller habiter un lieu où leur condition antérieure d'ecclésiastique ou de religieux est inconnue; soit, si cela se peut, en leur imposant des exercices pieux ou autres salutaires pénitences qui rachètent, aux yeux des fidèles, les excès commis et leur donnent l'exemple d'une vie vraiment chrétienne. (Collect. n. 1471.)

b. Le S. Office a été consulté pour savoir s'il pouvait être fait usage des pouvoirs concédés par le décret de 1888 envers les personnes dont il est ici question, lorsque l'empêchement n'atteint pas directement le moribond lui-même, mais affecte la personne bien portante.

Il a répondu le 1ᵉʳ juillet 1891 que, même alors, il pouvait être fait usage des pouvoirs extraordinaires, mais en imposant l'obligation, et d'informer le S. Office, et de prendre les mesures prescrites par le décret de 1888, pour éviter ou réparer le scandale. (Collect. n. 1476.)

2. Disparité des cultes

167. a. Interrogé pour savoir si le décret de 1888 conférait le pouvoir de dispenser de la disparité des cultes, le S. Office a répondu le 18 mars 1891 :

1. Que l'empêchement de la disparité des cultes étant un empêchement dirimant, le pouvoir d'en dispenser est inclus dans les facultés accordées par le décret de 1888.

2. Mais que l'empêchement de religion mixte n'étant qu'un empêchement prohibant, le décret de 1888 n'accordait à son sujet aucun pouvoir (Collect. n. 2188.)

Il résulte de cette décision que dispense pourrait être accordée, en vertu du décret de 1888, à un catholique moribond illégitimement uni à un infidèle, et aussi au catholique irrégulièrement uni à un infidèle moribond, si ce catholique demande à légitimer l'union.

La seconde partie de la conclusion découle clairement de ce qui a été dit au numéro précédent, au sujet de l'empêchement qui n'affecte qu'indirectement la personne malade.

b. Mais que ce soit le catholique illégitimement uni à un infidèle ou l'infidèle lui-même qui est moribond, il faut exiger les garanties imposées pour ces sortes de mariages, avant d'accorder les dispenses nécessaires pour valider l'union. (Voir n. 107 et suiv; n. 125. et suiv.)

3. S'il y a plusieurs empêchements

168. La faculté de dispenser accordée par le décret de 1888 s'étendant à *tous* les empêchements de droit ecclésiastique, excepté les deux qui en sont exclus, les Ordinaires et ceux qu'ils délèguent à cet effet, peuvent en user, que les empêchements soient *publics* ou *secrets*, qu'il y en ait un *seul* ou *plusieurs*, quand même ils n'auraient pas par ailleurs la faculté du *cumul des dispenses* : cette faculté est incluse dans le décret pour les mariages à revalider *in articulo mortis*.

Article V

Dispense de mariage

Après avoir indiqué dans les articles qui précèdent les différentes circonstances où il y a lieu de recourir à l'autorité supérieure pour en solliciter dispense des empêchements de mariage, il ne sera pas sans utilité de résumer ici les règles à suivre pour ces sortes de demandes, en disant successivement quelques mots:

1. Des causes de dispense ;
2. Du cumul des dispenses ;
3. De ce que doit contenir la demande de dispense;
4. De l'exécution des dispenses obtenues.

§ 1. Causes de dispense

169. Les causes ou motifs à invoquer pour légitimer une demande de dispense se trouvent énumérées à peu près complètement dans une Instruction de la Propagande du 9 mai 1877.

Avant d'en donner la liste telle qu'elle se trouve dans ce document, il est bon de remarquer que pour les empêchements de la disparité des cultes et de la religion mixte, il faut s'en tenir aux conditions déjà exposées.

Les causes générales de dispense sont donc :

1. *L'exiguité du lieu;* cette cause existe lorsque la localité ne compte pas plus de *trois cents* feux, quand même elle serait à proximité d'autres centres de population, et elle légitime la dispense pour la

femme, lorsque celle-ci ne peut trouver un parti convenable en dehors de sa parenté, ni quitter son
pays sans en souffrir ;

2. *L'âge plus qu'adulte de la femme*, ce qui a lieu
lorsque celle-ci a dépassé la 24ᵉ année et n'a pas pu
encore trouver un parti convenable ; cette cause de
dispense ne vaut pas pour les veuves ;

3. *Le manque de dot suffisante* qui empêcherait la femme de trouver un parti convenable, hors
de sa parenté, dans le lieu de son habitation ; cette
cause est légitime quand même il y aurait espérance
fondée que cette femme pourra être bien dotée plus
tard ;

4. *Un procès sur la succession des biens*, procès
déjà engagé ou sur le point de l'être, lorsque la
personne ne peut trouver que dans le mariage avec
un parent le moyen de poursuivre efficacement ce
procès ou de le faire cesser ;

5. *La pauvreté d'une veuve* chargée de famille
que le futur s'engage à élever, ou encore lorsque,
sans avoir des enfants, une jeune veuve serait, en
raison de sa pauvreté, exposée au danger d'incontinence ;

6. *Le bien de la paix*, c'est-à-dire l'extinction de
graves inimitiés, de rixes, de haines, ou l'affermissement de la concorde entre parents ;

7. *Une familiarité trop grande, donnant lieu* à
soupçons, dangereuse, ou encore la *cohabitation*
à peu près forcée sous le même toit ;

8. Si la personne est *enceinte par suite d'un
commerce antérieur*, et exposée par là à ne pouvoir
se marier ; le bien de l'enfant et l'honneur de la mère
étant ici en jeu, c'est une des causes les plus urgentes de dispense, qui conserve sa valeur quand même

ce commerce aurait eu lieu en vue de l'obtenir plus aisément : il n'est plus requis désormais à la validité de la dispense de faire mention de cette circonstance[1];

9. *Le déshonneur de la femme*, provenant du soupçon d'un commerce avec un parent, quand même ce soupçon serait faux, toutes les fois que la femme resterait déshonorée si le mariage n'avait pas lieu, et serait par là même exposée à ne pas trouver de parti, ou du moins pas de parti convenable, ou encore si de graves dangers étaient à redouter;

10. La *revalidation* d'un mariage, (voir pour cette cause n. 146 et suivants);

11. Le *danger d'un mariage mixte*, ou *célébré devant un ministre non catholique*, si dispense n'est pas accordée, est une raison grave de dispenser, à cause du scandale qui en résulterait, du danger de perversion, du mépris des empêchements, surtout dans les pays où l'hérésie est libre;

12. *Le danger d'un commerce incestueux*, en raison du scandale qui en résulterait et du danger de la perte éternelle;

13. *La crainte fondée d'un mariage purement civil*, pour les mêmes raisons;

14. *La cessation de graves scandales*:

15. *La cessation d'un concubinage public*;

16. *L'excellence des mérites*, cause qui se vérifie lorsque celui qui demande la dispense a rendu de grands services à l'Église, de quelque manière que ce soit[2].

Il va de soi, comme le fait d'ailleurs remarquer

---

[1] S. Office, 25 juin 1885. Collect. n. 1495.

[2] Collect. n. 1482.

l'Instruction où sont énumérées ces causes de dispense que plus l'empêchement au mariage est grave, plus la raison invoquée pour en obtenir dispense, doit, elle aussi, être grave; il faut également qu'elle soit plus importante, ou que plusieurs motifs s'unissent ensemble, lorsque la dispense doit porter en même temps sur *plusieurs* empêchements.

Il est bon de noter, à ce sujet, qu'un empêchement *public* est plus grave que le même empêchement resté *secret,* et que la raison du bien *public* est plus importante que celle du bien privé du solliciteur.

§ 2. Cumul des dispenses

a. Ce qu'on entend par le cumul des dispenses

170. Il y a *cumul* dans la concession des dispenses toutes les fois que *deux* ou *plusieurs* empêchements mettant obstacle à un mariage sont dispensés par un seul et même acte.

Or, la règle générale souvent rappelée et toujours maintenue par les Congrégations Romaines, (Coll. n. 1468, etc...) est que : la faculté *déléguée* de dispenser ne comporte pas le *cumul* par elle-même.

A moins donc d'indult *spécial,* dispense ne peut être accordée par celui qui use de pouvoirs *délégués,* pour un *même* mariage, de *plusieurs* empêchements y mettant obstacle, quand même les feuilles de pouvoirs renfermeraient la faculté de dispenser de *chacun* pris séparément.

La S. C. de la Propagande a déclaré cependant que si dispense avait été accordée de plusieurs empêchements à la fois, sans indult de *cumul,* il faudrait ne pas avertir les époux et les laisser dans la bonne foi [1].

On pourrait même alors recourir à Rome pour solliciter la dispense *in radice* permettant de revalider ces unions nulles, et le bien spirituel des époux semble faire une obligation de ce recours.

L'indult accordant la faculté du *cumul* permet seulement d'user des pouvoirs *déjà obtenus*, même quand se rencontrent *plusieurs* empêchements, mais il ne confère nullement la faculté de dispenser d'empêchements *non compris* sur les feuilles de pouvoirs.

b. Quand y a-t-il cumul en espèces différentes

171. Règle générale, il y a *cumul* toutes les fois qu'un même mariage est entravé par *deux* ou *plusieurs* empêchements.

Cette règle avec les exceptions qu'elle comporte est précisée par une réponse du S. Office du 18 août 1897, où il est déclaré :

1. « Que la faculté spéciale du cumul n'est pas nécessaire lorsque à un empêchement dirimant *public* s'en joint un autre de même nature mais *secret* et ne relevant que du for interne.

2. « Que cette faculté spéciale du cumul est *nécessaire*, lorsque à un empêchement dirimant s'en joint un simplement prohibant, toutes les fois que ce dernier est réservé au Saint-Siège, ce qui a lieu pour les empêchements de religion mixte, des fiançailles et du vœu simple de chasteté perpétuelle. Elle ne serait plus nécessaire, si l'empêchement

---

[1] 8 septembre 1869. Collect. n. 1469.

prohibant n'est pas réservé, et alors l'Évêque peut user de son droit[1]. »

_ Dans ce dernier cas l'Évêque peut donc dispenser de l'empêchement *prohibant* en vertu de son pouvoir *ordinaire*, et de l'empêchement dirimant en vertu des facultés déléguées.

Ces règles suffisent pour faire disparaître toute difficulté lorsqu'il s'agit d'empêchements d'*espèces différentes*.

c. Quand y a-t-il cumul dans la même espèce

172. Mais il peut y avoir aussi cumul dans la *même espèce* d'empêchement, quand il s'agit de la parenté entre les futurs.

La règle pour discerner alors l'existence ou la non existence du cumul est la suivante :

Il y aura cumul toutes les fois que pour dispenser, il faudrait recourir à des indults différents, ou à des numéros différents d'un même indult[2].

---

[1] Canoniste Cont. Année 1897, p. 698. 1. « Utrum concurrente aliquo impedimento item dirimente, sed publico, necessaria sit ad dispensationem specialis cumulandi facultas?

2. « Utrum concurrentibus duobus impedimentis, quorum unum sit dirimens et alterum impediens tantum eo excepto quod *mixtæ religionis* dicunt, pariter necesse sit ad dispensationem specialis cumulandi facultas. »

« R. Ad 1. Negative ;

« Ad 2. Affirmative quoad impedimenta impedientia quorum dispensatio reservatur S. Sedi, ea nempe quæ oriuntur ex mixta religione ut aiunt, atque ex sponsalibus et ex voto simplici perpetuæ castitatis ; secus vero in reliquis, circa quæ Episcopus uti poterit jure suo. »

[2] Voir Konings, Comment. in facult. Apost. p. 96.

Prenons pour exemple les facultés de la feuille Z.

Pour dispenser deux futurs qui seraient, d'une part, oncle et nièce, c'est-à-dire au 2e degré touchant le 1er, et, d'autre part, cousins germains, c'est-à-dire au 2e degré égal, il faudrait avoir le pouvoir de cumuler, puisque c'est le n° 6 qui contient la faculté de dispenser du 2e degré égal, et le n° 7, qui contient celle de dispenser du 2e degré touchant le premier.

Il en sera de même dans tous les cas de parenté *multiple* ou provenant de diverses souches, toutes les fois que l'un ou l'autre des futurs n'est pas, en ce qui le concerne, à égale distance des diverses souches qui leur sont communes.

Mais si, au contraire, chacun des deux futurs est respectivement à la même distance des diverses souches communes, il n'y a plus entre eux qu'un même degré *simple* ou *mixte* de parenté, bien que ce degré soit *multiple* dans sa source, et alors il suffit d'avoir la faculté de dispenser de ce degré, pour que la dispense puisse être accordée même sans le pouvoir de cumuler[1].

Le degré est *simple* lorsque les deux futurs sont à égale distance de la souche commune, *mixte* lorsqu'ils en sont inégalement distants.

Ainsi le futur et la future étant l'un et l'autre au 3e degré de la souche ou des souches communes,

---

[1] « SS. D. N. Pius PP. IX.... dignatus est declarare Episcopos qui gaudent.... facultate dispensandi in 3. et 4. simplici et mixto.... posse dispensare in 3. et 3., in 4. et 4., necnon in 3. mixto cum 4. sive gradus ab uno sive a duplice stipite proveniant. » (S. Off. 19 junii 1861. Coll. n. 1240.) « sive gradus oriatur ex uno sive ex multipli stipite. » (19 jun. 1875. Coll. n. 1243.)

ils sont parents entre eux au 3ᵉ degré simple ; si l'un
est au 2ᵉ de la souche ou des souches communes,
et l'autre au 3ᵉ, ils sont entre eux au .2ᵉ mêlé au 3ᵉ.

Ce qui est dit ici de la consanguinité s'applique
également aux autres espèces de parenté : affinité
et honnêteté publique.

Une remarque importante à ajouter ici, c'est que
la faculté de dispenser, au seul *for interne*, de
l'empêchement d'affinité *occulte* et résultant d'un
commerce *illicite*, peut être licitement et validement exercée, quand même cet empêchement serait
multiple, lorsque tout est préparé pour le mariage
et que le temps fait défaut pour recourir à Rome,
cela bien entendu quand même l'ordinaire n'aurait
point le pouvoir spécial du cumul. (S. Pénit.
30 juill. 1873. Coll. n. 2181.)

§ 3. Demande de dispense
adressée au supérieur

Le supérieur auquel la demande de dispense doit
être adressée est régulièrement le Vicaire Apostolique qui, ainsi qu'on l'a dit (n. 144) dispensera
lui-même s'il en a la faculté, ou transmettra la demande à Rome, si ses pouvoirs ne lui permettent
pas de dispenser.

a. Ce que doit contenir cette demande

1. Pour la généralité des cas

173. La demande de dispense doit contenir :

1. Les *noms* et *prénoms* des futurs ou des
époux, lisiblement écrits et sans abréviation ;

2. Leur diocèse d'*origine* ou celui de leur *domicile* actuel ;

3. L'*espèce infime* de l'empêchement, de sorte que :

Pour la *consanguinité* et l'*affinité*, il faut dire si elles proviennent d'un commerce licite ou illicite ;

Pour l'*honnêteté publique*, si elle résulte de fiançailles ou d'un mariage non consommé ;

Pour le *crime*, s'il y a eu meurtre du conjoint avec promesse de mariage, ou meurtre et adultère en même temps, ou adultère seul avec promesse de mariage ; .

Pour la *parenté spirituelle*, si le mariage doit avoir lieu entre parrain et filleule ou marraine et filleul, ou bien entre parrain et mère de l'enfant, ou entre marraine et père de l'enfant, ou enfin entre baptisant et baptisé ;

4. Le *degré* de *consanguinité*, ou d'*affinité* ou d'*honnêteté publique* provenant de mariage non consommé, en faisant connaître en même temps si le degré est égal ou inégal, auquel cas il faut indiquer non seulement le plus *éloigné*, mais aussi le plus *rapproché*, et dire aussi si la parenté est en ligne directe ou en ligne collatérale, si la consanguinité est double, c'est-à-dire provenant à la fois du côté du père et du côté de la mère ;

5. Le *nombre des empêchements*, par exemple, si la parenté est double ou multiple, ou si, en plus de la parenté, il y a un autre ou plusieurs empêchements dirimants ou prohibants ;

6. Les *diverses circonstances*, comme :

Si le mariage est à conclure, ou s'il est déjà conclu, et dans ce dernier cas, si la bonne foi a existé, ou s'il y avait d'un côté ou des deux connaissance de l'empêchement ;

Si les bans ont été publiés ;

Si l'union a été conclue selon la forme prescrite par le Concile de Trente ;

Si elle a eu lieu dans l'espérance d'obtenir plus facilement la dispense après coup ;

Enfin si le mariage a été consommé avec mauvaise foi de la part de l'un des conjoints au moins.

7. L'Instruction d'où ces détails sont tirés demandait encore que mention fût faite, et cela sous peine de nullité de la dispense, du commerce incestueux qui aurait eu lieu entre les futurs ; mais on a vu que cette mention n'est plus requise depuis le décret de 1885. (Collect. n. 1482.)

Elle devrait cependant être faite, si de l'inceste résultait un autre empêchement qui ne pourrait être signalé sans faire connaître cette faute, ou encore, s'il y avait à faire légitimer des enfants issus de ce commerce criminel.

2. Pour le for interne seulement

174. Ces règles s'appliquent aux demandes de dispense pour toutes sortes d'empêchements, *publics* et au *for externe*, ou *secrets* et au *for interne*.

Cependant s'il y avait à solliciter dispense pour empêchements *secrets* et au *for interne* seulement, la supplique devrait ne porter que des noms d'*emprunt*, au lieu des noms et prénoms des intéressés, afin de ne pas s'exposer à les diffamer, ou même à violer le secret de la confession.

Que si les mêmes personnes avaient à être dispensées à la fois d'un double empêchement, l'un *public* et l'autre *secret*, il faudrait, pour qu'il fût permis de n'adresser qu'une *seule supplique* faisant mention des deux empêchements avec les *noms propres* des solliciteurs, que ceux-ci consentent expressément à laisser figurer leurs noms sur cette supplique, malgré l'empêchement *secret*, et alors indication doit être donnée de ce consentement dans l'unique demande.

S'ils refusent cette permission, ou si le confesseur ne juge pas opportun de la leur demander, il faut rédiger une *double* supplique, l'une avec les *noms propres* des intéressés pour l'empêchement *public* et sans aucune mention de l'empêchement *secret*, l'autre avec des noms d'emprunt pour l'empêchement *secret*, mais en y déclarant qu'il y a aussi un empêchement *public*, sans dire lequel, et que dispense en a été ou en sera demandée. Les deux suppliques doivent être, dans ce cas, envoyées séparément, pour que le secret soit sauvegardé.

Si malgré cette précaution, il y a lieu de craindre qu'en raison de la date rapprochée des deux suppliques, le Vicaire Apostolique ne découvre les noms propres cachés sous les noms d'emprunt, il faut prévenir tout danger de diffamation ou de violation du secret de la confession, en avertissant les intéressés et en obtenant d'eux la permission d'envoyer les demandes de dispense malgré le risque à courir. Si non, il faudrait n'adresser à l'Ordinaire que la demande relative à l'empêchement public, et envoyer directement à Rome celle relative à l'empêchement *secret*.

b. Abus à éviter
au sujet des demandes de dispense

175. Une lettre récente du cardinal Préfet de la Propagande signale comme des abus à éviter dans les demandes de dispense :

1. Le fait de se servir du *télégraphe* pour les transmettre, même lorsqu'il y a urgence; ce mode de transmission avait été prohibé déjà par décret du 10 déc. 1891. (Coll. n. 2189.)[1]

2. Le fait de ne pas faire mention du *motif* pour lequel la dispense est demandée, ni des circonstances exigées par l'Instruction de 1877, et indiquées ci-dessus.

3. Enfin le fait de considérer la dispense comme obtenue, dès que la lettre de demande a été remise à la poste. (Voir Can. Cont. Année 1902, p. 249.)

§ 4. Exécution des dispenses

Les règles à suivre pour l'exécution des dispenses étant exposées dans les manuels, on n'indiquera ici que les points principaux mis en lumière par les décisions les plus récentes.

a. Observations préliminaires

176. *a.* Les dispenses matrimoniales dans les missions peuvent être accordées directement par *rescrit* du Souverain Pontife, ou par le Vicaire Apostolique en vertu des facultés à lui déléguées par *indult.*

b. A moins de restrictions mentionnées dans ses indults, l'Ordinaire peut généralement *sous-déléguer* ses pouvoirs de dispenser, mais il ne le peut pas pour les dispenses à lui adressées par rescrit;

---

[1] Une décision du 14 août 1892 déclare même *invalide* une dispense fulminée par l'Ordinaire sur avis reçu par télégramme, avant que lui fût parvenu le document officiel de la concession, à moins que le télégramme en question n'ait été envoyé *d'office* par ordre du Saint-Siège. (Coll. n. 2192.)

sauf pour le cas prévu au n. 177, il doit les exécuter par lui-même ou par son vicaire général en
titre, ou par son official, et cela sous peine de
nullité.

Ainsi l'a décidé le S. Office le 1er juin 1904, en
justifiant et expliquant une décision dans ce sens
de la S. Pénitencerie. (Can. Cont. An. 1904 p. 598.)

Il s'agit de l'exécution elle-même de la dispense,
et non des actes *préliminaires* qu'il lui est loisible
de faire accomplir par un autre. (Voir n. 178.)

c. En usant des facultés à lui accordées par
indult, le Vicaire Apostolique et les missionnaires
à qui il les communique doivent se conformer, pour
l'exécution des dispenses, aux règles imposées par
la curie romaine aux exécuteurs de celles qui émanent directement d'elle, tout en tenant compte des
conditions des indults.

Le court exposé qui va être fait de ces règles
pourra donc servir aux missionnaires dans l'*usage*
des facultés concédées par indult, aussi bien que
dans l'*exécution* des *rescrits* de dispense.

d. Les seuls *Ordinaires* proprement dits dis-
pensant en vertu de leurs pouvoirs *quasi-ordinaires*
et non comme *délégués*, ne sont point strictement
tenus dans la fulmination de ces dispenses aux règles de la *curie*, à moins que la nature des choses
ne l'exige ; mais il sera toujours mieux de s'y conformer.

e. L'exécuteur d'une dispense aussi bien que
celui qui dispense en vertu d'un indult, ne peuvent
ajouter, de leur propre autorité, aucune *clause*
nouvelle entraînant la *nullité* ; mais le supérieur
ecclésiastique a toujours le droit d'exiger de ses
subordonnés, auxquels il communique ses pouvoirs,

l'exacte observation des règles prescrites pour l'exécution des dispenses, et même de recourir pour cela, s'il le faut, aux peines ecclésiastiques. (Coll n. 1488.)

f. A moins d'indult spécial autorisant une dérogation à la loi commune, il est expressément défendu d'exiger aucune rémunération, ou même d'accepter aucun présent, pour l'*exécution* d'une dispense. (Coll. n. 1496, en note.)

g. A remarquer enfin qu'une dispense sollicitée à l'insu des intéressés serait *valide ;* mais, à moins qu'il ne s'agisse de certaines revalidations *in radice, valables* même quand les époux ignorent la dispense, il faudrait les prévenir de la concession à eux faite, et la dispense ne serait définitivement valide que si elle était *acceptée.*

b. Actes préparatoires à l'exécution

177. D'après la règle générale formulée par le S. Office le 20 février 1888, l'exécution des dispenses accordées par le Souverain Pontife pour le *for externe,* est confiée à l'*Ordinaire des solliciteurs,* ou à l'*Ordinaire du lieu ;* celle des dispenses accordées pour le *for interne* seulement, est confiée au *confesseur.*

Par *Ordinaire* on doit entendre non seulement l'Évêque diocésain, mais l'Administrateur, le Vicaire Apostolique, le Prélat ou le Préfet ayant un territoire séparé, leurs officiaux ou leurs vicaires généraux, et, en cas de vacance, le vicaire capitulaire ou tout autre administrateur légitime.

Ces derniers peuvent exécuter les dispenses adressées auparavant à l'Ordinaire qu'ils suppléent, que l'exécution ait été ou non commencée par lui. De même le nouveau titulaire peut exécuter les dis-

penses envoyées au vicaire captiulaire ou à l'administrateur, qu'elles soient ou non en voie d'exécution.

L'*Ordinaire* dont il s'agit est celui qui a délivré
les lettres testimoniales ou transmis la supplique à
Rome, qu'il soit l'Ordinaire du lieu d'origine ou du
domicile des deux époux ou de l'un seulement,
quand même ceux-ci auraient quitté son territoire,
sans esprit de retour, au moment où la dispense
doit être exécutée. Il préviendra cependant l'ordinaire du lieu où sera célébré le mariage, s'il le
juge opportun.

Il lui est aussi loisible de déléguer un autre Ordinaire pour l'exécution de la dispense, mais, de préférence, celui dans le diocèse duquel résident
actuellement les époux. (Collect. n. 1471.)

178. a. L'exécuteur doit se rendre un compte
exact de la teneur du *rescrit* concédant la dispense,
et s'assurer que dans l'exposé de la cause ou la concession il n'y a aucun vice susceptible de *l'annuler.*

1. On sait en effet qu'un vice *substantiel*, c'est-
à-dire *tel* que, par le fait seul de sa présence, la
volonté du supérieur d'accorder la dispense soit
censée ne plus exister, *annule* celle-ci.

Il en serait ainsi, par exemple, si le concédant
dépassait ses pouvoirs, si l'exposé de la cause était
faux en choses *essentielles*, ou si on venait à découvrir un *nouvel* empêchement qui n'aurait pas été
signalé dans la supplique.

Il faut bien remarquer, relativement à ce dernier
cas, que le recours à Rome s'impose toujours lorsque le Souverain Pontife a accordé la première
dispense, quand même le Vicaire Apostolique aurait
la faculté déléguée de dispenser du second empêchement.

La raison en est que la première dispense étant *nulle* par suite de la fausseté de l'exposé, le pouvoir délégué du Vicaire Apostolique pour le second empêchement ne peut point *guérir* ce vice radical[1].

Le recours à Rome s'impose encore pour le second empêchement, même lorsque la première dispense émane du Vicaire Apostolique, si celui-ci n'a pas la faculté du *cumul*, ou si tout en la possédant, il n'a pas le pouvoir de dispenser du second empêchement découvert.

On suppose, dans ce qui vient d'être dit, que l'empêchement découvert *existe* avant la fulmination de la dispense, car s'il survenait une fois celle-ci exécutée, la première dispense resterait *valide*.

Il n'y aurait donc plus qu'à en solliciter une nouvelle pour l'empêchement survenu depuis, sans avoir à faire mention des autres, ni de la dispense déjà fulminée.

2. Un vice de forme purement *accidentel*, comme serait le changement d'une lettre dans le nom ou prénom, ou même d'une syllabe, (par exemple *Lucius* pour *Lucianus*) n'entraîne point la nullité de la dispense.

3. A remarquer enfin qu'en cas de doute si le vice découvert *annule* la dispense, celle-ci reste *valide*, en vertu du principe : *in dubio standum est pro valore actus.*

b. Tout ceci suppose que l'exécuteur *vérifie* aussi bien la *cause* que le *rescrit,* et s'assure que tout y est conforme au droit.

Cependant cette vérification n'est pas nécessaire à la *validité,* pourvu qu'en fait l'exposé soit et reste sincère.

---

[1] S. C. Prop. 10 mai 1887, Coll. n. 1470.

De sorte que la dispense peut être exécutée sans nouvelle information, lorsque l'exécuteur a la certitude que la supplique et le rescrit sont bien ce qu'ils doivent être. (Coll. n. 1496.)

La prudence pourra cependant demander qu'on s'informe auprès du curé ou assimilé, si les choses sont toujours dans le même état, et qu'on subordonne l'exécution à la réponse qui sera faite.

Si une cause réelle de *nullité* avait été découverte, il faudrait, avant de passer outre, solliciter une nouvelle dispense, ou confirmation de la première par des lettres *perinde valere*.

c. Une attention particulière doit aussi être donnée aux *clauses* ou *conditions* de la dispense, car même celles qui n'intéressent point la *validité* obligent en conscience et généralement *sub gravi*.

1. C'est ainsi que l'exécuteur doit *prévenir* tout scandale et *exiger* réparation de celui qui aurait été donné, même en imposant, s'il le faut, la séparation temporaire aux époux, si toutefois il ne juge pas que le scandale sera suffisamment réparé par un autre moyen, car la séparation n'est pas requise à la validité. (Coll. n. 1496, etc..)

2. Si une *pénitence* doit être imposée pour le crime commis, l'exécuteur évitera en l'imposant la sévérité *outrée* comme la *trop grande* condescendance, et il tiendra compte de la condition de la personne, de son âge, de sa santé, de ses obligations et de son sexe, etc.. (S. Pénit. 8 avril 1880. Coll. n. 1489.) Les intéressés *doivent* accepter la pénitence, mais la dispense reste *valide*, quand même ils ne l'accompliraient pas.

3. Il en est de même de l'*aumône* qui serait imposée par le rescrit: elle devrait être réclamée,

mais si elle n'était pas faite, la dispense n'en serait pas moins valide. (Coll. n. 1493.)

Ces formalités une fois accomplies par l'exécuteur lui-même ou par un autre à qui il peut en confier le soin, il procède lui-même à l'exécution proprement dite de la dispense.

c. Exécution des dispenses au for externe

179. *a.* Bien que *valide* si elle est faite de *vive voix*, l'exécution de la dispense pour le *for externe* doit être faite *par décret écrit*. (Collect. n. 1491.)

b. Ce décret doit contenir *nécessairement* et en termes *exprès*, la *dispense* elle-même et la *légitimation* des enfants nés ou à naître, puisque c'est là le double objet de la concession.

c. Il doit aussi contenir les indications suivantes, non requises à la validité comme les deux précédentes, mais cependant *obligatoires :*

1 *Mentionner* le pouvoir concédé par le Souverain Pontife, c'est-à-dire le rescrit accordant la dispense, ou l'*indult* qui confère la faculté de l'accorder. (Collect. n. 1489.)

2. *Attester* la vérification de la cause et l'accomplissement des conditions prérequises. (Voir n. précédent.)

3. *Contenir* assez souvent la clause : *dummodo mulier rapta non fuerit, vel si rapta fuerit, in potestate raptoris non sit.* (Voir feuille I.)

Toutefois, pourvu qu'en fait il n'y ait pas eu rapt, ou qu'après le rapt, la femme ait été remise en lieu sûr, l'omission de cette clause n'empêche pas la dispense d'être valide. (Collect. n. 1484, etc.....)

4. *Porter absolution* des censures encourues par les intéressés, ou qu'ils auraient pu encourir.

Cette absolution des censures au *for externe*, ainsi donnée *par écrit* et hors du confessionnal, vaut pour l'un et l'autre *for*, mais n'exempte pas, évidemment, de la confession de la faute pour laquelle elles auraient été encourues, et dont dès lors tout confesseur pourra absoudre.

Elle doit *précéder* l'exécution de la dispense elle-même pour ne pas en compromettre la *validité*, car si l'intéressé était lié par une censure dont il n'aurait pas été absous, la dispense serait *nulle*.

Il suffit toutefois que cette absolution précède, dans le décret lui-même, l'énoncé de la dispense.

L'absolution sacramentelle ordinaire suffirait, au cas où le confesseur exécuterait la dispense immédiatement après l'avoir donnée. (S. Off. 18 décembre 1872. Collect. n. 1490.)

Il sera toujours prudent d'insérer cette absolution dans le décret d'exécution, quand même on aurait tout lieu de croire que les intéressés n'ont encouru aucune censure. (Collect. n. 1501.)

d. L'énoncé de la *dispense* elle-même et de la *légitimation* des enfants, est placé, dans le décret, après les clauses dont il vient d'être parlé.

e. Le décret ainsi libellé doit être *notifié* aux intéressés *présents* ou *absents*, peu importe, par l'exécuteur lui-même ou par l'intermédiaire du curé, ou du confesseur.

f. Mention de la dispense devra toujours être faite sur les registres des mariages, pour prévenir toutes difficultés ultérieures, et les pièces officielles attestant la concession seront conservées aux archives.

d. Exécution des dispenses
accordées pour le for interne

180. *a.* L'exécution des dispenses accordées pour
le *for interne* seulement est confiée au *confesseur*
chóisi par les intéressés, ou qu'ils peuvent choisir
parmi les prêtres approuvés, même lorsque le *res-*
crit désigne nommément celui qui a transmis la
supplique.

b. Si, comme cela a lieu d'ordinaire, le rescrit
porte la clause : *audita prius confessione*, ou
in actu confessionis sacramentalis, l'exécution
doit se faire au *confessional* et dans *l'acte* même
de la confession ; si cette clause n'était point imposée, elle pourrait se faire *validement* hors de la
confession.

La confession prescrite, et cela sous peine de *nul-*
lité de la dispense, est la confession sacramentelle,
c'est-à-dire faite *en vue* de l'absolution. La dispense
serait cependant valide, si les dispositions du péni-
tent ne permettaient pas de lui donner l'absolution
de ses fautes, ou s'il la recevait d'une manière
sacrilège. (La S. Pénitencerie en a ainsi décidé.)

c. S'il n'est pas certain d'avance par la connaissance exacte de la cause, qu'il n'y a aucun vice
substantiel de *subreption* ou *d'obreption*, le confesseur doit procéder aux vérifications nécessaires,
avant de fulminer la dispense, et cela en interrogeant
avec soin le ou les pénitents intéressés.

Au cas où il découvrirait un vice *substantiel*, il
devrait surseoir à l'exécution jusqu'après réception
de lettres confirmant la dispense, malgré le vice
manifesté, ou la concédant sous une autre forme.

d. Les *rescrits* délivrés pour le *for interne* contiennent ordinairement la clause : *dummodo impedimentum sit occultum* ; ce qui veut dire que le confesseur ne pourrait plus procéder à l'exécution de la dispense, s'il venait à savoir que l'empêchement a cessé d'être *occulte.*

Il devrait dans ce cas avertir les intéressés d'avoir à recourir à l'autorité compétente pour obtenir dispense au *for externe.*

A noter cependant que si l'empêchement ne devient public qu'après la célébration du mariage, celui-ci reste valide devant Dieu, mais les intéressés doivent demander dispense au *for externe* pour régulariser leur situation devant l'Église.

e. Quant à la *pénitence* à imposer, il faut s'en tenir à ce qui a été dit à ce sujet pour le *for externe.* (n. 179.)

f. L'absolution des censures ordinairement *prescrite,* quelquefois *indispensable,* et toujours *prudente,* doit précéder la fulmination de la dispense, mais si le confesseur a accordé l'absolution *sacramentelle,* celle-ci suffit pour l'accomplissement de la clause. (Collect. n. 1490.) Il n'y aurait donc lieu de recourir à l'absolution spéciale des *censures,* que dans le cas où la sacramentelle n'aurait pu être donnée.

Cette absolution des censures ne vaut que pour le *for interne.*

g. Vient enfin l'*exécution* elle-même de la dispense, faite de *vive voix,* et pour laquelle aucune formule n'est rigoureusement prescrite.

Toutefois, 1. Il doit être fait mention du *pouvoir* accordé par le Souverain Pontife ;

2. Déclaration *expresse* qu'on *dispense* de te

empêchement, à l'effet de contracter mariage, ou de continuer à vivre dans l'union jusque-là *nulle*;

3. Déclaration *expresse* aussi qu'on légitime les enfants nés ou à naître.

h. Une fois la dispense exécutée, le confesseur est *tenu* de *détruire* le rescrit qui l'accordait, dans les jours qui suivent la célébration du mariage.

Si les deux époux étaient conscients de l'empêchement, et que la dispense dût être exécutée pour chacun d'eux, comme dans le cas de complicité pour l'empêchement du *crime*, le confesseur qui l'exécute pour le premier des deux, lui remet le *rescrit* sous pli cacheté, afin que l'autre puisse le présenter au confesseur qu'il aura choisi, pour être dispensé à son tour.

C'est ce dernier confesseur qui devra alors détruire le rescrit.

CHAPITRE V

CÉLÉBRATION DU MARIAGE CHRÉTIEN

181. Le Rituel trace l'ordre à suivre dans la célébration du mariage, et cet ordre, comme toutes les cérémonies instituées par l'Église, est obligatoire dans son ensemble pour les fidèles et pour les pasteurs.

Il doit donc être suivi partout où des coutumes anciennes, tolérées ou approuvées, n'en prescrivent pas un autre, ce qui ne peut avoir lieu pour les pays de missions où ce droit coutumier n'existe pas, et où, par conséquent, le Rituel reste obligatoire.

Mais comme il y a des situations différentes qui entraînent des modifications plus ou moins considérables dans la manière dont le mariage doit être célébré, il ne sera pas inutile d'indiquer l'ordre à suivre dans la célébration du mariage :

1.   Entre fidèles.
2.   Entre fidèles déjà unis dans l'infidélité.
3.   Entre fidèles et infidèles ou hérétiques.

Article I

Célébration du mariage entre fidèles

Les fidèles dont il est ici question peuvent se trouver dans deux conditions différentes, au point de vue de la célébration rituelle du mariage:

1. Ou bien ils s'unissent au moment même où s'accomplissent les cérémonies prescrites.

2. Ou bien, pour une cause ou pour une autre, ils se sont déjà mariés sans que les cérémonies prescrites aient eu lieu.

§ 1. Fidèles contractant actuellement mariage

a. Règles Générales

182. A moins d'impossibilité, les fidèles qui contractent mariage ne peuvent le faire *licitement* sans l'assistance de leur légitime pasteur, même dans les lieux où le décret du Concile de Trente sur la *clandestinité* n'est pas promulgué.

Là où ce décret est promulgué, ils ne peuvent contracter *validement* sans cette même assistance de leur pasteur, et sans celle de deux ou trois témoins, chrétiens autant que possible.

Ils doivent donc se présenter devant lui et lui demander de bénir leur union.

Cette bénédiction qui doit être donnée selon l'ordre prescrit par le Rituel, comprend deux parties bien distinctes : la formule même du Rituel, et la bénédiction solennelle des époux qui se trouve dans la messe *pro sponso et sponsa*.

Sans vouloir entrer à ce sujet dans tous les détails que comporterait la solution des cas pratiques qui peuvent se présenter, il ne sera pas inutile d'indiquer brièvement les principales applications de la règle générale indiquée ci-dessus.

b. Application des règles
selon les circonstances

183. 1. La formule du Rituel contient le rite proprement dit de la célébration du mariage, et ne doit jamais être omise dans les unions entre catholiques, que les futurs aient ou non été déjà mariés.

Elle doit donc être accomplie tout entière, y compris la bénédiction de l'anneau, à moins que celui-ci n'ait déjà reçu cette bénédiction.

2. Quant à la bénédiction solennelle de la messe *pro sponso et sponsa*, elle doit être donnée seulement lorsque l'épouse n'a pas été mariée ; si elle était veuve d'un premier mariage cette bénédiction ne devrait pas être donnée, ni la messe *pro sponso et sponsa* célébrée.

Exception doit être faite pour la femme infidèle

qui, après sa conversion, contracte un nouveau mariage chrétien : la bénédiction solennelle doit lui être donnée comme si l'union actuellement contractée était pour elle la première. (S. Off. 1 Feb. 1871. Collect. n. 1559.)

3. Cette bénédiction solennelle inséparable de la messe ne peut, à moins d'indult spécial, être donnée en dehors de celle-ci.

Si donc un mariage était célébré le soir, cette bénédiction du missel devrait être omise et on se contenterait de la formule du Rituel.

Si cependant les époux se présentent le lendemain pour recevoir à la messe la bénédiction solennelle, on doit la leur accorder (Collect. n. 1556 et 1559.); on devrait encore la leur donner s'ils tardaient davantage. (Voir le § suivant.)

La messe *pro sponso et sponsa* étant toujours une messe votive *privée*, n'admet jamais le *Gloria in excelsis* ni le *credo*, quand même elle serait chantée.

Si le mariage était célébré en *temps prohibé* moyennant la permission de l'Évêque, la messe *pro sponso et sponsa*, et la bénédiction qui en est inséparable, ne pourraient pas être célébrées; il n'est pas permis non plus dans ces mêmes temps prohibés, de joindre à la messe du jour l'oraison *pro sponso et sponsa*. (S. C. des Rites 30 juin 1896.)

4. S'il y a plusieurs mariages à faire en même temps, il est permis, une fois le consentenment reçu séparément et la formule *Ego vos conjungo*, etc.. prononcée sur chaque couple, que la bénédiction de l'anneau et les autres soient faites au pluriel pour tous les mariés. (S. Off. 1er sept. 1841. Coll. n. 1552.)

On peut faire de même pour la messe *pro sponso*

et sponsa, et pour la bénédiction qui y est incluse.
(Ibid. n. 1553.)

§ 2. Fidèles ayant déjà contracté validement

184. S'il arrive que deux chrétiens aient validement contracté mariage en dehors de l'assistance
du prêtre, devant lequel il leur était impossible de
se présenter au moment où ils se sont unis ou que
pour d'autres raisons ils n'aient pas reçu la bénédiction nuptiale, il faut les exhorter à faire bénir
leur union lorsque cela sera possible, et la S. C. de
la Propagande déclare digne de blâme le missionnaire qui négligerait de procéder à cette bénédiction.
(Collect. n. 1545.) [1]

Un décret du S. Office du 31 août 1881, a tranché
les controverses qui existaient au sujet de cette
bénédiction donnée après coup, en déclarant ce qui
suit :

« La bénédiction nuptiale qui se trouve dans le
missel romain à la messe *pro sponso et sponsa*, doit
être toujours donnée dans les mariages entre catholiques, mais pendant la messe elle-même, conformément aux rubriques, et en dehors des jours fériés.
Elle doit être donnée à tous les époux qui ne l'ont
pas reçue, pour quelque cause que ce soit, au moment
où ils ont contracté, quand même ils la demanderaient après avoir longtemps vécu dans le mariage
à condition toutefois que la femme, si elle était veuve,

---

[1] « Quamobrem vides reprehensione dignum esse missionarium illum, qui hujusmodi benedictionem petentibus
negligat impertiri. »

n'ait pas reçu la bénédiction dans son premier mariage.

« Les époux catholiques qui n'auraient point fait bénir leur union, doivent être exhortés à la demander le plus tôt possible. Mais il faut les avertir, surtout s'ils sont néophytes ou s'ils étaient mariés validement avant leur conversion de l'hérésie, que cette bénédiction appartient au rite et à la solennité du mariage, sans intéresser en rien sa substance et sa validité. » (Collect. n. 1560.) [1]

Il faut bien remarquer que le texte du S. Office parle seulement *d'exhortation* et ne semble pas par là-même faire aux époux légitimement mariés sans avoir reçu la bénédiction nuptiale, une obligation stricte de la demander, quel que soit le motif pour lequel ils ne l'ont pas reçue.

Cette obligation était cependant imposée par la Propagande dans une *Instruction* sur le mariage, du 17 janvier 1821, pour le cas où, en raison de l'impossibilité de se présenter devant le prêtre, les époux chrétiens auraient contracté en présence de deux témoins seulement.

Comme les feuilles de pouvoirs de certains Vic. Apostoliques plus récentes que le décret du S. Office de 1881, renvoient encore à cette Instruction à eux transmise, (voir feuille Z. n. 11.) et prescrivent de s'y conformer, il y a lieu de conclure que, en pareil cas, les époux sont obligés de demander la béné-

---

[1] « Insuper hortandos esse eosdem conjuges catholicos, qui benedictionem sui matrimonii non obtinuerunt ut eam primo quoque tempore petant. Significandum vero illis, maxime si neophyti sint, vel ante conversionem ab hæresi valide contraxerint, benedictionem ipsam ad ritum et solemnitatem, non vero ad substantiam et validitatem pertinere conjugii. »

diction, lorsqu'ils peuvent ensuite se présenter devant le prêtre.

Le S. Office ne fait mention, dans le décret cité ci-dessus, que de la bénédiction solennelle du missel mais la Propagande avait répondu déjà, le 20 février 1801, qu'il y avait lieu de tout supléer selon les indications du Rituel, (Collect. n. 1539.), tout en s'abstenant de faire renouveler le consentement et de prononcer la formule *Ego vos conjungo...*, (ibid. n. 1551. note.), puisqu'on suppose légitimement contracté le mariage à bénir.

Article II

Cérémonies du mariage entre fidèles déjà unis dans l'infidélité

§ 1. Lorsqu'ils sont convertis tous les deux

185. a. Lorsque deux infidèles légitimement mariés se convertissent, ils n'ont pas à renouveler le consentement, mais il font très bien de demander la bénédiction de leur union, et bien qu'ils n'y soient pas strictement obligés, ils doivent y être exhortés. (Collect. n. 1557-1560.)

Ce qui est dit des infidèles convertis convient également aux hérétiques mariés avant leur conversion, et devenus ensuite catholiques l'un et l'autre.

Mais, en leur accordant la bénédiction nuptiale, il faut les prévenir qu'elle n'est point nécessaire à la validité de leur mariage déjà légitimement contracté, ne pas leur faire renouveler le consentement et ne pas prononcer la formule : *Ego vos conjungo.*

D'après le décret du S. Office de 1881, on peut sans aucun doute célébrer pour eux la messe *pro sponso et sponsa* avec la bénédiction solennelle, car il y est parlé de tous les catholiques sans distinction, et mention spéciale y est faite des néophytes.

6. Ici se pose une autre question : la formule : *Ego vos conjungo,* etc. devrait-elle être prononcée lorsque les cérémonies sont suppléées à deux époux nouvellement convertis et mariés dans l'infidélité, si leur union reste douteuse après enquête ?

Consultée à ce sujet, la Propagande n'a pas voulu trancher la difficulté et s'est contentée de répondre: *Consultat probatos auctores.* (Coll. n. 1551. ad 4.)

Les auteurs que nous avons pu consulter ne traitant point ce cas assez fréquent cependant dans les missions, la chose reste incertaine.

Elle n'a d'ailleurs que peu d'importance puisque cette formule n'est d'aucune nécessité pour rendre ferme l'union auparavant douteuse: il suffit pour cela que le consentement soit renouvelé.

§ 2. Lorsqu'un seul est converti

186. Devrait-on suppléer de la même manière les cérémonies, si l'un seulement des époux se convertissait, l'autre restant encore dans l'infidélité ?

Consulté à ce sujet le S. Office a répondu négativement. (Coll. 1557.)[1]

---

[1] « Doit-on suppléer les dites cérémonies au cas où l'un des époux est baptisé, tandisque l'autre reste dans l'infidélité ? *(La demande est en italien.)*

« R. Ad 2. Negative. » (20 juin 1860.)

Cela se conçoit aisément quand on se reporte à la conduite imposée par l'Église au sujet des mariages entre fidèle et infidèle, et dont il sera parlé dans l'article suivant.

Article III

Célébration du mariage
entre catholique et infidèle ou hérétique

§ 1. La bénédiction ne doit pas être donnée

187. La règle à suivre dans ces sortes de mariages contractés après dispense obtenue de la disparité des cultes ou de la religion mixte, est de ne faire aucune des cérémonies de l'Église.

Cette règle depuis longtemps en vigueur, est rappelée de nouveau dans l'Instruction du 1er novembre 1858, où il est dit que ces unions doivent être célébrées *extra ecclesiam, et absque parochi benedictione, alioque ecclesiastico ritu.* (Coll. n. 1430.)

Le prêtre doit donc recevoir le consentement des futurs, sans prononcer la formule *ego vos conjungo*, sans bénir l'anneau, et sans aucune des cérémonies de l'Église.

Le consentement doit être reçu devant les deux témoins requis, hors de l'église, sans que le prêtre soit revêtu d'aucun ornement, pas même du surplis; ensuite mention doit être faite de l'union contractée dans les registres du mariage.

Si cependant de trop graves inconvénients devaient résulter du refus des cérémonies ordinaires, la même Instruction laisse à la prudence des Évêques de juger s'ils ne devraient pas tolérer en certains cas exceptionnels qu'elles soient accomplies mais avec le plus grand secret possible.

On ne doit jamais d'ailleurs, en pareil cas, célébrer la messe *pro sponso et sponsa*, et la bénédiction doit être donnée, antant que possible, sans aucune solennité[1]. (Voir aussi Coll. n. 1433.)

Dans une réponse du 4 déc. 1862, le S. Office donne comme raison suffisante de cette tolérance.

1. La haine que le refus pourrait soulever contre les catholiques et les lois de l'Église ;

2. La crainte que les futurs n'aillent demander la bénédiction à un ministre non catholique ;

3. Ou qu'indisposés par le refus, ils ne veuillent plus se soumettre aux conditions de la dispense déjà acceptées par eux. (Coll. Miss. n. 908.)

Dans tous les cas, la plus grande discrétion est toujours obligatoire pour ces sortes de concessions, de telle sorte qu'elles ne deviennent jamais une règle générale[2].

---

[1] « Summopere autem exoptat Sanctitas Sua ut iidem sacrorum Antistites hujusmodi indulgentiam, seu potius tolerantiam, eorum arbitrio et conscientiæ omnino commissam, majori quo fieri potest, silentio et secreto servent. » (Coll. n. 1430.)

[2] « Quod si aliquando in memorata Instructione mos adhibendi ritum pro matrimoniis contrahendis in diœcesano Rituali legitime præscriptum, exclusa tamen semper Missæ celebratione, in mixtis conjugiis contrahendis tolerari posse perhibetur, id tamen nonnisi per modum exceptionis indulgetur, ac sub conditione *ut omnia rerum, locorum, ac personarum adjuncta diligentissime perpendantur atque onerata Episcoporum conscientia super omnium circumstantiarum veritate ac gravitate.* » (Prop. 11 mars 1868, Collect. n. 1433.)

§ 2. Défense aux époux
d'aller devant un ministre hérétique

188. Il est toujours gravement défendu aux époux, dans ces sortes de mariages mixtes, de se présenter devant un ministre hérétique agissant comme personne sacrée, soit avant d'aller auprès du prêtre catholique, soit après avoir donné le consentement devant lui.

Il y aurait là une participation au culte hérétique ou schismatique, toujours gravement défendue et sous peine de censure.

Le prêtre doit, règle générale, faire connaître cette défense aux futurs. Il y est spécialement obligé, s'il connaît à ce sujet leurs intentions, ou s'il est interrogé par eux.

Dans un cas particulier où il y aurait à craindre l'inefficacité de la monition et où il ignorerait d'ailleurs la volonté des futurs et ne serait pas interrogé par eux, le prêtre pourait se taire sur l'obligation pour ne pas exposer le *catholique* au péché *formel*, à la condition cependant que tout scandale soit évité et que les autres obligations imposées par l'Église pour ces sortes de mariages soient remplies.

Si après avoir contracté devant le ministre non catholique, les époux viennent demander au prêtre de recevoir leur consentement, il doit refuser son assistance, lorsque la faute est publique ou s'ils l'en informent eux-mêmes, jusqu'à ce que la partie catholique repentante ait reçu l'absolution de sa faute et de la censure portée contre le crime d'hérésie. (18 déc. 1888. Coll. n. 1444.)

Si cependant le ministre non catholique faisait simplement fonctions d'officier de l'état civil, les époux, une fois le mariage contracté devant le prêtre catholique, peuvent se présenter devant lui pour satisfaire à la loi, pourvu qu'il n'agisse pas comme ministre sacré et n'accomplisse aucune cérémonie religieuse. (S. Off. 17 fév. 1864. Coll. n. 1431.)

§ 3. Le missionnaire catholique peut-il faire fonctions d'Officier de l'état civil ?

189. Le missionnaire catholique ne peut accepter de faire fonctions d'officier de l'état civil, pour recevoir le consentement matrimonial des hérétiques ou des infidèles entre eux.

Si cependant de graves inconvénients devaient naître pour la religion de leur refus d'exercer ces fonctions, ils pourraient s'y prêter, en attendant que le S. Siège consulté ait jugé si la chose peut être ou non tolérée[1].

Une lettre du 26 janvier 1895 adressée par le Cardinal Préfet de la Propagande à l'Évêque de la Nouvelle-Orléans, déclare simplement cette assistance civile permise. (Voir de Becker, p. 267.)

Peut-on s'en autoriser pour accepter partout ces

[1] « Missionnariis de quibus agitur, sub quocumque respectu consideratis, vetitum esse recipere consensum tam hæreticorum cum hæreticis, quam infidelium cum infidelibus inter se contrahentium. Quod si Vic. Apostolicus prævideat superventura damna gravissima catholicæ religioni ex recusata hac missionariorum assistentia; sciat ipse missionarios in tali hypothesi non esse pro interim ob id inquietandos. Sed ipse quam citissime deferat omnia ad hanc S. Sedem... » (S. Off. 11 déc. 1850. Coll. n. 1525, ad 5.)

sortes de fonctions sans recourir au S. Siège? Nous ne le pensons pas, tant que le décret du S. Office n'aura pas été rapporté.

Il s'agit jusqu'ici des mariages contractés entre infidèles ou hérétiques.

Quant aux mariages entre catholiques, ou entre catholique et infidèle ou hérétique, pourvu que, dans ce dernier cas, le mariage soit contracté selon toutes les règles tracées et imposées par l'Église, le S. Office tolère que le prêtre catholique remplisse les fonctions d'Officier de l'état civil, si aucun scandale n'est à redouter (12 janv. 1888, Coll. n. 1533.)

CHAPITRE VI

DES CAUSES MATRIMONIALES

Article I

Ce que sont les causes Matrimoniales

190. a. Par *causes matrimoniales* il faut entendre, d'une manière générale, toutes les questions qui se présentent à résoudre, tant sur la licéité que sur la validité d'un mariage contracté ou à contracter, et sur les effets du contrat matrimonial ou même des fiançailles.

Dans un sens plus strict, on entend par *causes matrimoniales*:

1. Celles qui s'élèvent au sujet de la validité d'une union déjà contractée, et

2. Celles qui concernent la validité des *fiançailles* ou la faculté que peut avoir l'un des époux de se séparer de l'autre *quoad torum et cohabitationem*, bien que le lien reste stable.

Il va de soi que les causes matrimoniales, en dehors des effets civils du contrat relèvent exclusivement de l'autorité ecclésiastique, lorsqu'il est question du mariage entre fidèles. Il en est encore de même lorsqu'il s'agit de l'union entre fidèle et infidèle ou hérétique.

b. Comme il a été parlé assez en détail dans les chapitres qui précèdent, des dispenses matrimoniales et de toutes les questions pratiques relatives au mariage à *contracter*, il n'y a lieu de s'arrêter, dans le présent chapitre, qu'aux causes qui peuvent surgir au sujet d'un mariage déjà conclu, et dont la validité est ensuite mise en doute, pour une raison ou pour une autre.

Un mot y sera dit ensuite des règles à suivre pour demander dispense du mariage *ferme* mais non *consommé*, lorsque de graves raisons nécessitent une telle demande.

Enfin on indiquera la ligne de conduite à suivre lorsque la *nullité* du mariage n'est connue qu'au *for interne*.

Article II

Procédure à suivre
pour les cas de nullité du mariage
déjà contracté

§ 1.   Observations Préliminaires

191. L'Église exige généralement un procès selon les formes régulières du droit, pour le jugement des causes en nullité d'un mariage déjà contracté.

Elle admet cependant qu'un procès sommaire peut suffire en certains cas qui seront énumérés plus loin.

Les règles de jurisprudence à suivre dans l'examen de ces sortes de causes, fixées par Benoît XIV dans sa Constitution *Dei miseratione* qui est citée tout au long au n. 1570 des *Collectanea*, ont été précisées sur certains points par trois documents également reproduits dans les Collectanea, aux n^{os} suivants, et qui émanent de la S. C. du Concile, (22 août 1840), du S. Office (20 juin 1883), et de la Propagande, (même année.)

Comme il est facile d'avoir sous la main ces documents officiels qui donnent toutes les indications voulues, on ne parlera ici que des points principaux, d'après le résumé qu'en fait le Concile plénier de l'Amérique latine au chapitre II du Titre XV.

---

§ 2. Procès régulier
dans les causes de nullité

a. Constitution du tribunal

192. Les causes dont il s'agit étant absolument réservées à l'Évêque, et dans les missions au Vicaire Apostolique, c'est à lui qu'il appartient de constituer le tribunal ecclésiastique qui doit en connaître.

Ce tribunal est composé : 1. de la personne du *juge*, fonction que l'Évêque peut se réserver à lui-même ou à son Vicaire Général, ou pour laquelle il peut déléguer un ecclésiastique de son choix ;

2. Du *défenseur* du lien conjugal que l'Évêque doit nommer, et qu'il peut instituer à son gré pour l'ensemble des causes, ou pour la seule cause actuelle.

Ce défenseur du lien doit être, autant que possible, un ecclésiastique versé dans la science du droit canonique.

Sa présence est *nécessaire* à la validité du procès, toutes les fois que le mariage est attaqué en *nullité,* à moins qu'il ne s'agisse d'un cas de *clandestinité* manifeste là où le décret *Tametsi* est promulgué, ou du cas où il est nécessaire de prouver l'état libre d'un futur déjà marié à une personne dont la mort est incertaine.

3. D'un *chancelier* ou secrétaire chargé de recueillir tout ce qui intéresse la cause, et de dresser les actes du procès qu'il doit contresigner.

La désignation des personnes composant le tribunal doit être faite par acte authentique de l'Évêque, et mention de cet acte doit être faite dans le procès-verbal de la cause.

b. Examen de la cause

1. Son introduction

193. *a.* Pour qu'une cause matrimoniale soit introduite devant le tribunal ecclésiastique, il faut qu'une accusation juridique ait été portée contre la validité du mariage.

Elle doit être présentée par écrit, ou du moins être écrite par le chancelier sous la dictée de la personne qui la présente.

b. Cette accusation qui doit être portée devant l'Ordinaire ne peut être reçue que si elle émane d'une personne apte en droit à produire une accusation. Or,

1. Pour certains cas, les époux seuls sont admis comme accusateurs; dans d'autres cas, leurs proches peuvent attaquer le lien, ou même toute autre personne; enfin il peut être *procédé d'office,* et il y a même quelquefois obligation de le faire, lorsque la rumeur publique ou une dénonciation *extrajuridique* rendent fondé le doute contre la validité d'un mariage.

2. Les cas dans lesquels seul l'un ou l'autre des époux indistinctement peut être accusateur du lien sont ceux: d'impuissance, et de demande de dispense pour un mariage *ferme* mais *non consommé.*

3. L'époux *innocent* seul est généralement reçu comme accusateur dans les cas d'erreur sur la personne, de violence, de défaut de puberté, de rapt, d'ignorance de l'empêchement qui rendait un mariage nul.

c. Le droit d'attaquer la validité d'un mariage ne

se perd pas quel que soit le temps écoulé, à moins
que, dans l'intervalle, l'union n'ait été revalidée.

2. La procédure elle-même

194. *a.* Une fois le tribunal constitué et la cause
reçue, le défenseur du lien doit tout d'abord prêter
serment qu'il accomplira fidèlement la charge qui
lui est confiée.

Il prend ensuite connaissance des faits contenus
dans la *supplique* présentée par l'accusateur contre
la validité du mariage, et après un mûr examen, il
prépare les questions à poser aux personnes qui
doivent être entendues et qui sont : 1° l'accusateur
2° les époux eux-mêmes, et 3° les témoins.

b. Toutes les personnes appelées à déposer doivent d'abord prêter serment de dire la vérité, après
qu'on leur aura fait comprendre, s'il y a lieu, la
gravité de cet acte ; elles doivent ensuite être
interrogées dans l'ordre indiqué, mais séparément.

c. Les questions doivent être posées de telle
sorte qu'elles portent d'abord sur les faits accessoires,
et sans laisser paraître le rapport que ces premières
interrogations ont avec le fait principal.

Le juge et le défenseur du lien doivent veiller à
ce que les réponses soient complètes et ne sortent
pas de la question ; ils s'efforceront de dégager les
circonstances diverses qui peuvent exercer une
influence sur le prononcé du jugement à intervenir.

Les réponses doivent être motivées, c'est-à-dire
que la personne interrogée doit faire connaître
comment elle a eu connaissance des faits dont elle
témoigne.

S'il ne voulait ou ne pouvait dire comment il a

su les choses dont il témoigne, celui qui est interrogé devrait être tenu pour suspect, et son témoignage serait sans valeur.

d. Si en plus des témoins cités par les parties,
le défenseur du lien découvre qu'il y en a d'autres
qui pourront être utilement entendus, il les citera
en temps opportun, ainsi que les personnes compétentes, s'il était nécessaire d'en venir à l'inspection
des corps.

e. Le défenseur du lien fera toutes les instances
qu'il jugera utiles, présentera ses observations,
pourra demander un délai pour un examen plus ap-
profondi de toutes les dépositions reçues, et les
actes du procès devront lui être communiqués
toutes les fois qu'il le jugera utile.

f. Les actes ne seront clos que lorsque le juge
et le défenseur du lien trouveront la cause suffisamment instruite.

Un décret du juge signé par lui, par le défenseur
du lien et par les chanceliers, clôturera l'instruction
et proclamera le procès.

g. Alors seulement les actes pourront être communiqués aux parties qui seront libres de présenter
la défense de leurs droits, soit par eux-mêmes, soit
par les avocats qu'ils se seront choisis.

On doit leur faire connaître qu'ils ont droit à
présenter cette défense, s'ils veulent.

Si cette défense se produit, communication en
sera faite au défenseur du lien qui l'examinera à
loisir et y répondra, s'il y a lieu.

c. Prononcé de la sentence

195. a. Les choses s'étant passées comme il vient d'être dit, si le défenseur du lien n'a plus rien à ajouter, le juge procédera au prononcé de la sentence, non sans avoir, s'il le trouve opportun, pris auparavant l'avis d'un ou de plusieurs théologiens.

b. Or, la sentence, à moins de cas où il reste des doutes sérieux qui n'ont pu être éclairés, et qui ainsi qu'on l'a vu plus haut (n. 163.), nécessitent généralement un recours au Saint-Siège, peut être:

1. *En faveur du lien,* c'est-à-dire conclure à la *validité* du mariage, et dans ce cas, si aucune des parties ne fait appel, le défenseur ne le fera pas non plus, et la cause sera définitivement jugée.

2. *Contre le lien,* c'est-à-dire pour la *nullité* du mariage, et alors appel doit être fait devant une juridiction supérieure, laquelle est, pour les missions, la S. C. de la Propagande.

c. Cet appel étant *obligatoire,* il en résulte que lorsque le juge en première instance prononce la *nullité* du mariage, sa sentence n'est pas définitive, sauf pour les cas dont il sera question plus loin, et que, par conséquent, quand même aucune des parties ne ferait appel, le défenseur du lien est tenu *d'office* de le faire lui-même.

L'appel doit être envoyé le plus promptement possible au tribunal supérieur, et il doit être accompagné des actes complets du procès en première instance.

En attendant le jugement définitif, les époux ne peuvent jamais licitement convoler à de nouveaux liens.

d. Il faut remarquer que la sentence dont il vient d'être question, doit être écrite et renfermer les motifs qui l'ont inspirée ; elle doit être signée par le *juge* et par le *chancelier,* scellée du sceau épiscopal, et copie doit en être remise aux intéressés.

d. Reprise de la cause

196. Même lorsqu'elles ont été jugées définitivement en première instance ou en appel, les causes dont il est ici question peuvent être reprises plus tard, et quel que soit le temps écoulé, si on vient à découvrir un fait nouveau intéressant la cause, et non examiné dans le premier procès.

Toutefois, avant d'instruire de nouveau judiciairement la cause jugée, que la sentence ait été pour ou contre le lien, le juge doit se rendre compte, d'une manière sommaire, qu'il y a vraiment un motif légitime de la remettre en jugement.

Dans cette reprise *extraordinaire.* d'une cause déjà jugée selon toutes les formes du droit, une circonspection encore plus grande s'impose, tant au juge qu'au défenseur du lien, qui ne doivent rien négliger pour que tout motif de suspicion soit écarté, tant du côté des parties que du côté des témoins.

§ 3. Procès sommaire

197. Pour faciliter la solution des causes matrimoniales et éviter les longueurs inséparables des appels, lorsque ceux-ci ne s'imposent vraiment pas, le S. Office a déclaré par décret du 5 juin 1889, qu'on pouvait se contenter d'un *procès sommaire* dans quelques cas qu'il énumère, et prononcer défitivement la *nullité* du mariage sans recourir à une seconde instance.

a. Cas où le procès sommaire est déclaré suffisant

198. On peut donc procéder de la manière susdite dans les cas suivants, tous relatifs au mariage déjà contracté :

a. Lorsqu'il s'agit de l'empêchement de la *disparité des cultes*, s'il est évidemment constaté que l'un des époux est certainement baptisé et l'autre non, et que le mariage a été contracté sans dispense;

b. Lorsqu'il s'agit de l'empêchement du *lien*, et qu'il est certainement démontré que le premier conjoint légitime est encore vivant;

c. S'il s'agit de la *consanguinité* et de l'*affinité* provenant d'un commerce licite, ou de la *parenté spirituelle*, ou de l'empêchement de la *clandestinité* dans les lieux ou le décret *Tametsi* est publié ou du moins observé depuis longtemps, pourvu qu'un document authentique démontre l'existence de l'empêchement, ou que cette existence soit évidemment prouvée par ailleurs, sans que dispense soit intervenue, le mariage peut être encore déclaré *nul*, sans qu'il y ait lieu de faire appel[1].

---

[1] « Quando agitur de impedimento disparitatis cultus, et evidenter constat unam partem esse baptizatam, et alteram non fuisse baptizatam; quando agitur de impedimento ligaminis, et certo constat primum conjugem esse legitimum et adhuc vivere; quando denique agitur de consanguinitate et affinitate ex copula licita, aut etiam de cognatione spirituali, aut de impedimento clandestinitatis in locis ubi Decretum Trident. *Tametsi* publicatum est, vel

b. A quelles conditions

199. La simple lecture de la déclaration du Saint-Office montre que trois conditions sont requises pour que le juge puisse prononcer définitivement la nullité du lien, dans les cas indiqués.

a. Il faut donc tout d'abord au moins un procès *sommaire* et *extrajudiciaire*, toujours requis pour que la nullité puisse être prononcée en connaissance de cause.

b. Il faut aussi que l'existence de l'empêchement qui rend le mariage nul soit *évidente,* de telle sorte qu'aucun doute ne subsiste à ce sujet; le recours s'impose donc en cas de *doute sérieux.*

c. Il faut enfin que le défenseur du lien soit intervenu, et par conséquent qu'il n'ait pu soulever aucune difficulté sérieuse contre l'existence de l'empêchement qui rend le mariage nul.

A ces conditions, et uniquement pour les cas mentionnés dans le décret, l'Ordinaire peut délivrer immédiatement une déclaration de *nullité*, qui permet aux époux d'user de leur liberté et de contracter à leur gré un nouveau mariage.

---

uti tale diu observatum ; dummodo ex certo et authentico documento, vel, in hujus defectu, ex certis argumentis evidenter constet de existentia hujusmodi impedimentorum super quibus Ecclesiæ auctoritate dispensatum non fuerit: hisce in casibus, prætermissis solemnitatibus in Constitutione Apost. *Dei miseratione* requisitis, matrimonium poterit ab Ordinario declarari nullum, cum interventu tamen defensoris vinculi matrimonii, quin opus sit secunda sententia. » (Collect. n. 1575.)

Article III

La procédure ordinaire doit-elle être suivie dans les missions?

§ 1.　Cas où elle doit être suivie

200.　La procédure prescrite par Benoît XIV pour les *causes en nullité* du mariage doit être suivie, en principe, partout où une cause de cette nature, relative à un mariage *chrétien*, est soumise au jugement de l'autorité ecclésiastique.

Il faudrait un indult particulier, même en pays de mission, pour que les Vicaires Apostoliques eussent la faculté de juger en dernier ressort les causes de cette nature.

Toute la difficulté en ceci consiste à déterminer pratiquement les unions qui doivent être rangées dans la catégorie des mariages *chrétiens*.

Or, une décision de la S. C. du Concile citée par le Concile de l'Amérique latine, n. 940, déclare que ces causes sont celles relatives aux seuls mariages contractés *in facie Ecclesiæ*, et nullement celles relatives aux mariages contractés par acte civil seulement :

On peut en inférer que le procès *en nullité* selon la procédure fixée par Benoît XIV est exigé seulement ;

1.　Pour les mariages contractés entre *néophytes* après leur baptême, et selon la forme usitée dans l'Église.

2. Pour les mariages contractés entre *néophyte* et *infidèle*, après le baptême du premier, et moyennant dispense de la disparité des cultes;

3. Pour les mariages contractés dans l'infidélité et jugés *douteux* ou *nuls* au moment du baptême des conjoints, mais rendus *fermes* devant l'Église par la *rénovation* du consentement et la célebration du mariage chrétien;

4. Pour les mariages également contractés dans l'infidélité et reconnus *douteux* ou *nuls*, au moment du baptême de l'*un* des conjoints, mais rendus *fermes* moyennant dipense de la disparité des cultes, par la rénovation du consentement des deux conjoints dont le second reste encore dans l'infidélité.

5. Pour les mariages reconnus *valides* au moment du baptême des *deux* conjoints, et bénis selon la forme prescrite.

6. Il semble qu'il faudrait joindre encore à cette liste les causes en nullité des mariages dans lesquels les *deux* époux, baptisés l'un et l'autre, auraient *persévéré* après leur baptême, quand même ils n'auraient point, pour une raison ou pour une autre, reçu la bénédiction nuptiale, ni même *renouvelé* le consentement alors que leur union était peut être *douteuse*.

Cette conclusion paraît ressortir d'une décision du S. Office relative à un mariage *douteux* contracté dans l'infidélité, mais dans lequel les époux ont continué à vivre d'abord après le baptême de l'un d'entre eux, et ensuite après le baptême du second, mais sans rénovation aucune du consentement, ni sans bénédiction nuptiale. Or, le S. Office exige qu'avant de déclarer la *nullité*, les actes *opportuns* soient faits et transmis au Saint-Siège:

ce qui paraît bien indiquer que, dans ces sortes de cas, le procès régulier est encore exigé[1].

7. Faudrait-il étendre cette dernière conclusion au cas d'un mariage également contracté dans l'infidélité, et dans lequel les époux persévèrent, sans aucune formalité nouvelle, après le baptême de l'un des conjoints, l'autre restant dans l'infidélité?

La chose ne paraît pas aussi certaine, d'autant plus que si l'époux chrétien était amené à se séparer de l'infidèle pour faire usage du privilège paulin, il pourrait y être autorisé moyennant un procès *sommaire*.

De sorte que le procès régulier en *nullité* serait tout au plus requis, si toutefois il l'est, dans le cas où l'époux jusque là infidèle venant à se convertir, ne voudrait plus rester uni à celui qui était déjà chrétien, et demanderait à en être séparé avant de recevoir le baptême.

8. Il ne sera pas inutile de remarquer en terminant que, même pour les causes matrimoniales qui nécessitent le procès canonique *régulier*, le recours à Rome n'est obligatoire, ainsi qu'il a été dit plus haut, que dans le cas où la sentence serait pour la *nullité* du lien, ou dans celui qui, après l'examen *juridique*, resterait *douteux*.

Une décision du S. Office relative à des unions contractées entre *néophyte* et *infidèle*, moyennant dispense de la *disparité des cultes*, et peut-être

---

[1] « Ad sextum : Negative ; sed facienda esse acta opportuna iisque peractis, deferenda res erit ad Sedem Apostolicam cum fideli, ac plena relatione singularum circumstantiarum, necnon actorum, quæ facta sunt ; et in specie exponendum erit, quæ sit ac fuerit fama publica circa ejusmodi conjunctionem, sive matrimonium. » (Coll. n. 1300.)

nulle par défaut de consentement, n'exige même le recours à Rome que « s'il reste quelque difficulté[1]. »

D'où on peut inférer que, dans ces sortes de cas, où cependant les règles prescrites par Benoît XIV doivent être suivies, *au moins quant à la substance*, le Vicaire Apostolique pourrait délivrer sans appel une déclaration de *nullité*, si celle-ci était *manifeste*. A noter cependant que les *Collectanea* n'ont pas reproduit cette décision.

Le recours à Rome n'est aussi exigé que *s'il reste des difficultés*, dans le cas où le Vicaire Apostolique est appelé à juger si la *malice* supplée ou non *l'âge*, lorsqu'il n'existe aucun document authentique attestant l'âge canonique de l'un des conjoints. (Voir n. 123 et suiv.)

§ 2. Cas où un procès sommaire suffit

201. D'après la distinction établie par la S. C. du Concile, il faut ranger dans la catégorie des causes qui ne nécessitent point la procédure *solennelle* prescrite par Benoît XIV, toutes celles qui sont relatives à des mariages *contractés* dans *l'infidélité*, et restés en dehors de *toute intervention de l'Église*, jusqu'au moment où se pose la question de leur validité.

Conformément à ce principe, voici les principaux

---

[1] « Ad 2. Negative, nisi adhibitis opportunis investigationibus, et salva saltem in substantialibus Const. Benedicti XIV *Dei miseratione*, constet defuisse consensum, et si qua supersit difficultas, recurrendum ad Sanctam Sedem. » (S. Off. 22 déc. 1887. Cité Zitelli, Apparatus Juris Can. Editio altera, p. 558.)

cas dans lesquels le procès *sommaire* suffit et est seul *obligatoire*.

On peut donc s'en contenter :

1. Pour permettre l'usage du privilège paulin au néophyte qui se trouve dans les conditions requises pour en user, soit après interpellation, soit après dispense légitime de celle-ci.

Le recours à Rome n'est obligatoire que pour les cas non compris dans les facultés accordées au Vicaire Apostolique et qui ont été indiqués dans la seconde partie.

2. Pour permettre à un néophyte de conclure une nouvelle union chrétienne, lorsque son mariage antérieur contracté dans l'infidélité est *douteux*, si son bien spirituel demande qu'il rompe cette union. (Voir n. 109 et suiv.)

3. A plus forte raison ce même procès sommaire suffit pour lui permettre un nouveau mariage, lorsque de l'examen de sa situation il résulte certainement que son mariage antérieur contracté dans l'infidélité était *nul*.

4. Ce même procès sommaire suffit encore pour permettre à un néophyte une nouvelle union chrétienne, lorsqu'il fait *serment* qu'il n'avait pas consenti dans l'infidélité à un mariage *indissoluble*, (Voir n. 26.), pourvu cependant que ce serment présente toutes les garanties voulues.

Il ne faut pas perdre de vue que, même pour les causes qui de leur nature n'exigent point un procès *solennel*, le recours à Rome *s'impose* toutes les fois qu'il reste des *doutes sérieux* sur la solution à donner, ou encore lorsqu'il n'est pas *certain* que les pouvoirs accordés au Vicaire Apostolique lui permettent de terminer l'affaire soumise à son jugement.

Ces cas ayant été énumérés au fur et à mesure dans le cours de l'ouvrage, il est inutile de les rappeler ici en détail.

Article IV

Demande de dispense pour le mariage ferme mais non consommé

202. Sans vouloir entrer dans le détail de ces sortes de causes, il ne sera pas inutile de noter ici :

1. Que cette dispense étant toujours réservée au Souverain Pontife, nécessite par conséquent le recours à Rome.

2. La demande de dispense ne peut être adressée sans qu'ait eu lieu auparavant un procès canonique établissant la non consommation du mariage, soit par impuissance, soit autrement ;

3. Ce procès doit être régulièrement fait selon les formes juridiques de la Constitution *Dei miseratione* de Benoît XIV ;

4. Par conséquent la présence du défenseur du lien est toujours requise, sous peine de nullité du procès ; (Voir ci-dessus n. 192.)

5. Même quand dispense est accordée de la rigoureuse observation des formes juridiques, on doit en garder au moins l'essentiel, et ne jamais procéder sans le défenseur du lien. (S. Off. sept. 1890. Collect. n. 1415.)

6. Le jugement prononcé après audition des témoins et des parties, observations du défenseur,

et inspection des corps par personnes compétentes, les actes doivent être transmis à Rome.

7. Il va de soi que la sentence de Rome doit être attendue, et qu'elle devra être exécutée conformément aux clauses qu'elle peut imposer.

Article V

Cas où la nullité du mariage n'est pas prouvée au for externe

203. Les règles données ci-dessus concernent uniquement les *causes en nullité* portées devant le *for externe*.

Mais il peut arriver qu'un mariage rendu *nul* par l'existence d'un empêchement *secret*, ne soit connu tel qu'au *for interne*, par la confession par exemple des conjoints ou de l'un d'entre eux, sans que la cause ait été déférée au tribunal de l'Ordinaire.

On a vu plus haut, (n. 159 et suivants) la ligne de conduite à suivre en pareil cas pour régulariser cette situation anormale, et au n. 156 comment on doit demander dispense d'un empêchement *secret*.

Il reste à dire ici ce qu'il y a à faire pour obtenir de l'Ordinaire une déclaration de *nullité* qui permette aux époux de se séparer publiquement sans scandale, et même, s'ils le veulent, de convoler à de nouveaux liens.

1. Il est bien certain tout d'abord que, si la cause reste *secrète* et n'est pas portée devant le *for externe*, soit parce que les intéressés ne veulent point y recourir, soit parce que la *nullité* du mariage, toute certaine qu'elle est au *for interne*,

ne peut pas être juridiquement *prouvée*, le supérieur ecclésiastique ne peut pas délivrer une
déclaration de nullité susceptible d'avoir un effet
quelconque au *for externe*.

2. Il est bien certain aussi par voie de conséquence, que les époux dont le mariage est rendu
nul par un empêchement *secret*, ne peuvent pas
être autorisés à contracter un nouveau mariage,
tant que cet empêchement reste *secret* et n'a pas
été juridiquement *prouvé*, car le mariage dont la
nullité n'est pas démontrée au *for externe* reste
juridiquement *valide* et s'oppose à ce qu'une nouvelle union puisse être permise.

3. Que si les époux conscients de la nullité de
leur union, se séparent avant tout jugement prononcé au *for externe*, et contractent l'un ou l'autre
un nouveau mariage, ce dernier mariage doit être
tenu comme *nul* au *for externe*, parce que juridiquement la première union reste *valide*.

4. Même dans ce dernier cas, les époux qui
auraient contracté un second mariage ne pourraient
être autorisés au *for externe* à rester dans cette
union, tant que la nullité n'aura pas été prouvée
devant le même *for*, et cela reste vrai aussi bien
dans l'hypothèse où il n'y aurait aucun scandale à
redouter, ni pour le présent, ni pour l'avenir, que
dans celle où ce scandale serait à craindre. Il faut
donc prévenir ces époux qu'ils doivent soumettre
leur cause au Vicaire Apostolique qui, s'il y a lieu,
usera des facultés qu'il possède pour leur accorder
dispense de l'empêchement[1].

---

[1]. An matrimonia possint in foro externo declarari nulla
atque invalida, quando eorum nullitas in foro conscientiæ cognoscitur, sed non potest in foro externo probari?

Il faut conclure de ces principes que le Vicaire Apostolique ne pourra délivrer une déclaration de *nullité*, dans ces sortes de causes jusque là *secrètes*, que lorsqu'elles auront été soumises à son tribunal.

Le procès à instituer sera *solennel* ou *sommaire*, selon la nature du mariage sur lequel doit porter le jugement, selon ce qui a été dit à l'article III du présent chapitre.

----

2. An præfati conjuges ad aliud possint admitti matrimonium, quamdiu impedimentum sui prioris matrimonii manet occultum, atque nullitas prædicti sui matrimonii non est probata in foro externo?

3. Quomodo agendum sit cum iis, qui ad alias nuptias transiere, quamvis impedimentum sui matrimonii occultum maneat, neque probari possit in foro externo?

4. An liceat hujusmodi conjugibus, si nullum adsit neque timeatur scandalum, in posteriori suo matrimonio remanere, quamvis nullitas prioris in foro externo probata non fuerit?

R. Ad 1. Negative.

Ad 2. Negative.

Ad 3. In foro externo secundum matrimonium nullum esse habendum.

Ad 4. In foro externo non licere ; monendi tamen conjuges ut impedimentum notum faciant, et Vic. Ap. utatur facultate dispensandi.

TABLE ALPHABÉTIQUE

(Les chiffres renvoient aux numéros)

née aux néophytes déjà mariés, lorsque les deux conjoints sont baptisés, 185; si un seul est baptisé elle ne doit pas être donnée, 186; ordinairement refusée dans les mariages mixtes, 187; quand et comment peut-elle être donnée dans ces sortes d'unions, 187; ne peut jamais être demandée à un ministre hérétique ou schismatique, 188.

C

Catéchumène. — Ne peut user du privilège paulin, 29; ne peut sans dispense spéciale procéder validement à l'interpellation, 52-53: néophyte ne peut contracter validement avec catéchumène sans dispense de la disparité des cultes, 122; marié avec infidèle pendant son catéchuménat peut user après son baptême du privilège paulin, 30; séparé de son conjoint légitime et vivant avec une autre doit éloigner cette dernière avant son baptême, 45.

Causes matrimoniales. — Ce qu'on entend par là, 190; procédure à suivre dans leur examen, 191. Procès régulier, 192 et suiv.; constitution du tribunal, 192; introduction de la cause 193; la procédure elle-même, 194; le prononcé de la sentence, 195; appel, 195; reprise de la cause, 196; Procès sommaire, 197, suiv.; cas où ce procès suffit, 198; à quelles conditions, 199; la procédure à suivre dans les missions, 200 et suiv.; cas ou le procès régulier est requis, 200; cas où le procès sommaire suffit, 201; que faire quand la nullité n'est pas prouvée au for externe, 203; cas plus difficiles nécessitent recours à Rome, 102, 163, 201.

Causes de dispense (voir *dispense.*)

Clauses dans les dispenses (voir *dispense.*)

Cohabitation. — Peut être permise au néophyte quand conjoint infidèle refuse de se convertir, 56, 107 suiv.; pourvu qu'elle soit pacifique ou excluant outrage au Créateur, 54-56; constituant un danger pour le néophyte doit être interdite, 59; même continuée après le baptême lui laisse le droit au privilège paulin, 20, 56; impossible, permet l'usage de ce privilège, 57-58; illicite pour impubères légitimement mariés dans l'infidélité, 118, c; pour époux illégitimement unis, 148-150; 155-156; s'il y a seulement doute, 157 suiv.

Condition. — Opposée à l'essence ou aux propriétés essentielles du mariage, l'annule si elle intervient dans le contrat, 5, 8, 17; mais non si elle est seulement concomitante, 17, c.

— Conditions imposées pour permettre mariage mixte, 123 suiv. 130; obligatoires même à l'article de la mort, 167.

— Conditions requises pour privilège paulin (voir ce mot.)

— Conditions pour les dispenses (voir ce mot.)

Confession. — Imposée pour

Dispenses. — Empêchements qui en sont susceptibles, 144; s'assurer des pouvoirs qu'on possède, 144: motifs à invoquer, 169; dans mariages mixtes, 125, 133, 137; cumul (voir ce mot); ce que doit contenir la demande, 173; noms fictifs pour empêchements secrets, 174; attendre rescrit et ne pas se servir du télégraphe, 175; fulmination, 176 suiv.; règles générales, 176; exécuteur désigné, 176-177; formalités précédant l'exécution, 178; exécution au for externe, 179; au for interne, 180.

— Pour mariages déjà contractés, (voir *revalidation*);

— *Ad cautelam,* lorsque l'empêchement est douteux, 101, 110, 157-158.

— Relatives à l'interpellation, (voir ce mot.)

— Du mariage ferme mais non consommé, 202.

— De la disparité des cultes (voir ce mot.)

Divorce. — Il est opposé à une propriété essentielle du mariage, 3; son admission pratique n'annule pas en soi le mariage 16; le rend nul si on en fait une condition du contrat, 17; intervenu entre infidèles ne dispense pas de l'interpellation, 40 c.

Doute. — 1. Sur la validité du mariage entre infidèles, 10 suiv.; raisons de ce doute, 10; leur valeur, 11 suiv.

2. Sur la validité du mariage à *continuer* après conversion, 26; principes: *in dubio, standum est pro valore matrimonii,* et, *in favorem fidei pronunciandum est,* 26, 100-101; leur application lorsque les deux époux se convertissent, 99, 101-103; lorsque un seul se convertit, 108, 110; doute sur le consentement, dans les mêmes circonstances, ibid; doute sur empêchements de droit naturel, 104, 105, 109;

3. Sur un empêchement dans mariage entre chrétiens, 157 suiv.; sur empêchement de droit ecclésiastique, 157-159; sur empêchement de droit divin, 160-163.

4. Sur la possibilité d'user du privilège paulin, 36.

5. Sur le jugement à intervenir dans les causes matrimoniales, 201.

E

Empêchements. — De droit naturel lient les infidèles, 7-8; de droit ecclésiastique ne les lient pas, 7; la loi civile peut en établir pour eux; 7-8; dans mariage à contracter. 143; susceptibles de dispense, 144; non susceptibles de dispense, 145; pouvant cesser d'eux-mêmes, 145; dans mariage contracté (voir *revalidation*); douteux (voir *doute* 3.)

Etat libre des futurs, 85; obligation de le constater, 85; comment le faire, 86; règles générales, 87; pour les étrangers, 88; en cas de mariage antérieur, 91, suiv.

Exécution des dispenses. — (voir *dispense.*)

Exiguité du lieu. — Quand

est-elle motif de dispense, 169.

F

Femme. — Vendue ou livrée, 12, quand n'est-elle pas vraiment mariée, 13; quand l'est-elle, 14; à quoi faut-il faire spécialement attention en pareil cas, 15; peut aussi bien que l'homme être dispensée de la seconde partie de l'interpellation, 45.

Fiançailles. — Entre infidèles ne constituent pas un empêchement pour celui qui est ensuite baptisé, 113; nulles entre chrétien et infidèle, 113; illicites et nulles entre fidèle et hérétique, 138; le commerce qui les suit ne constitue plus un vrai mariage, 113.

Foi. — Privilège de la foi (voir *privilège paulin*); principe: « dans le doute il faut prononcer en faveur de la foi: (voir *doute* 2); les époux peuvent et doivent quelquefois être laissés dans la *bonne foi* sur la nullité de leur union, quand il y a doute, 35, 104, 105, 148, 155; de *mauvaise foi* doivent être séparés, 104, 149, 156, la mauvaise foi antérieure ne s'oppose pas à la légitimité de la revalidation, 151.

For compétent pour les causes matrimoniales (voir ce mot); for interne et externe, (voir *dispenses*.)

Fulmination des dispenses (voir *dispenses*.)

H

Hérétiques. — Peuvent-ils user du privilège paulin, 29; néophyte usant de ce privilège peut-il s'unir à personne hérétique, 33; sont soumis aux empêchements de droit ecclésiastique (voir *religion mixte*); bénédiction du mariage entre catholique et hérétique (voir *bénédiction nuptiale*); leur baptême douteux doit être considéré comme valide par rapport au mariage, 141.

Honnêteté publique. — Cet empêchement résultant de mariage contracté dans l'infidélité mais non consommé, ou de fiançailles, n'atteint pas l'infidèle une fois baptisée, 113. 2.

I

Impubères. — (Voir *âge*.)

Impuissance. — Perpétuelle, rend le mariage nul même entre infidèles, 8; douteuse permet la continuation de l'union, 104. 3.

Inceste. — Il n'est plus nécessaire sous peine de nullité de le déclarer dans les demandes de dispense, 173.

Indissolubilité du mariage, 3, 6, 7; des infidèles lorsqu'il est valide, 27; le Souverain Pontife peut-il le dissoudre, (voir *Souverain Pontife*); le privilège paulin le dissout, (voir ce mot); les deux conjoints une fois baptisés, leur union valide ne peut plus être rompue, 98; quand même ils l'auraient contractée étant impubères, 118; le mariage chrétien non consommé peut

pour permettre un nouveau mariage, 17, 25, 203.

O

Ordinaire. — Dans l'usage des facultés pour moribonds, 164; pour la fulmination des dispenses, 176.

Outrage au Créateur. — Ce qu'il est, 55; doit toujours être écarté, 56; lorsque le néophyte continue son union avec infidèle, 107; lorsqu'il épouse une personne infidèle, 126.

P

Pénitence. — A imposer dans certaines dispenses, 178.

Perinde valere. — Lettres confirmant une dispense nulle, 178.

Polygamie. — Opposée à une propriété essentielle du mariage, 4; quand est-elle obstacle au vrai mariage, 18; tout danger doit en être écarté pour dispenser de la disparité des cultes, 126; (voir *outrage au Créateur*); la nullité du premier mariage d'un polygame n'entraîne pas de soi la nullité du second, 25; polygame se convertissant autorisé à prendre celle de ses femmes qu'il préfère, pourvu qu'elle se convertisse.

Prince. — Il peut établir des empêchements dirimants au mariage entre infidèles, 7-8.

Privilège paulin. — 1. Ce qu'il est, 28; le néophyte seul peut en user, non le catéchumène, 29; l'infidèle baptisé ensuite dans l'hérésie, le peut-il? 29; ne s'applique qu'au mariage contracté dans l'infidélité, 30; même entre catéchumènes, 30; mais non après apostasie de l'un des époux, 30.

2. Ses conditions: Etre en situation d'en user, 31; conjoint doit refuser de se convertir ou de cohabiter pacifiquement, 32; (voir *interpellation*); l'autre futur doit être chrétien, 33: pourrait-il être hérétique, 33; pourrait être infidèle moyennant dispense, 34; que faire en cas de doute si on peut en user, 36; néophyte ne peut plus en user si l'infidèle se convertit avant, 61.

Procès. — Relatif à l'*interpellation*, (voir ce mot); aux *causes matrimoniales*, (voir ce mot.)

Promiscuité. — Là où elle existe rend nulles les unions, 22.

Puberté. — (voir *âge.*)

Publications. —(voir *bans.*)

R

Recours à Rome. — S'impose lorsque le Vicaire Apostolique n'a pas les facultés voulues (voir *causes matrimoniales, Vicaire Apostolique*); dans les cas plus difficiles, 104; dans les cas plus extraordinaires relatifs au privilège paulin, 58, 67; lorsqu'on découvre un nouvel empêchement dont l'Ordinaire pourrait dispenser après dispense obtenue de Rome d'un autre, 178.

Religion mixte. — Empêchement prohibant, 137; ne

FIN.

TABLE DES MATIÈRES

CHAPITRE II

CHAPITRE III

DEUXIÈME PARTIE

CHAPITRE I

Nature et conditions du privilège paulin

CHAPITRE II

Pages

CHAPITRE III

Dispense de l'Interpellation

CHAPITRE IV

Pouvoir du Souverain Pontife de dissoudre le mariage contracté dans l'infidélité en dehors de l'application du privilège paulin

TROISIÈME PARTIE

CHAPITRE I

Etat libre des futurs

CHAPITRE II

Néophytes continuant l'union contractée dans l'infidélité

CHAPITRE III

Mariage d'un népohyte libre de tout lien

CHAPITRE V

CHAPITRE VI

Des causes Matrimoniales

Imprimerie des Missionnaires d'Afrique — Maison-Carrée (Alger)